Volker Hepp

WIE VERÄNDERUNG GELINGEN KANN

Eigene Muster aufspüren und nachhaltig verändern.
Eine Hilfestellung für persönliche Veränderungsprozesse.

Bibliografische Information der Deutschen Nationalbibliothek:
Die Deutsche Nationalbibliothek verzeichnet diese Publikation in der Deutschen Nationalbibliografie; detaillierte bibliografische Daten sind im Internet über dnb.d-nb.de abrufbar.

Umschlaggestaltung: Julia Evseeva
Titelbild: © Luis Louro - Fotolia.com
Korrektorat: Windsor Verlag
Portraitfoto: Gabriele Hepp
Layout: Julia Evseeva

Herstellung und Verlag: BoD – Books on Demand, Norderstedt

ISBN: 978-3-7494-6842-3

INHALTSVERZEICHNIS

VORWORT

Viele Menschen sind mit verschiedenen Dingen und/oder Verhaltensweisen in ihrem Leben nicht zufrieden. Sei es im Beruf und/oder im Privatleben, sei es in ihrer Beziehung oder Partnerschaft. Das bringt den Wunsch nach Veränderung mit sich. In der Form eines guten Vorsatzes zum Jahresanfang oder aber der Sehnsucht, Zustände oder Gewohnheiten, die einen schon länger belasten, endlich aufzulösen.

Und irgendwann ist der Druck so groß, dass man sich vielleicht Hilfe von außen sucht – in Form eines Coachings oder auch Therapie. Oder man kauft sich ein Buch wie dieses. Oder nähert sich per Selbsterfahrungsseminar seinem Thema. Und geht mit vielfältigen Erwartungen ans Werk. Natürlich auch mit dem großen Wunsch nach einer zügigen Veränderung. Und oft gibt es Enttäuschungen: Rückschläge, da die erwünschten Veränderungen überhaupt nicht eintreten, Bungee-Effekte, oder dass es insgesamt zu lange dauert.

Ich kenne aus meinen zahlreichen Aus- und Weiterbildungen viele Ratgeber und Anleitungen, um Veränderungen in Angriff zu nehmen. Und aus meiner Coachingpraxis die Klagen meiner Klienten während eines Veränderungsprozesses.

Denn in meinen Augen bedeutet jede Veränderung zuerst einmal Stress: Ich muss aus einem gewohnten Verhaltensmuster (Sicherheit, Kontrolle) raus in Richtung eines neutralen Verhaltens (Unsicherheit, Verlust der Kontrolle – Stress), um aus dieser

Leere heraus wiederum in ein neues Verhalten zu kommen (Unsicherheit, Verlust der Kontrolle – Stress, neue Sicherheit, neues Verhalten).

Oft erlebe ich es, dass Menschen durch ein bestimmtes Ereignis oder durch eine langanhaltende Belastung aus ihren gewohnten Bahnen geworfen werden. Ihre bisherigen Mechanismen für die Bewältigung ihres Alltags greifen nicht mehr. Sie sitzen irgendwie in einer Grube fest. Erst einmal geschockt. Und dann versuchen die meisten, wieder auf den vorherigen Stand ihrer Alltagsbewältigung zurückzukommen. Sie wollen also zurück in ihr gewohntes Leben und Verhalten. Das ist zwar verständlich – da wir uns automatisch an Vertrautem orientieren –, aber es klappt meistens nicht. Das macht entsprechend verzweifelt.

Veränderung in meinem Sinne bedeutet dagegen, nicht zurückzukehren, sondern sich nach vorne zu orientieren. Nach dem Motto: „Mein altes Verhalten klappt nicht mehr, mal schauen, was ich für ein neues Verhalten lernen muss, um nach vorne, auf einen neuen Level zu kommen."

Ich vergleiche das gerne mit einem Wissenschaftler, der ein bestimmtes Experiment macht. Er wählt dazu eine Versuchsanordnung und startet sein Experiment. Wenn dies nicht zum gewünschten Ergebnis führt, dann ändert er seine Versuchsanordnung für einen zweiten und dritten Probelauf. Wir Menschen sind da anders – wir versuchen, mit derselben Versuchsanordnung immer wieder das Gewünschte zu erreichen, und denken in den seltensten Fällen aus freien Stücken daran, diese Versuchsanordnung beim zweiten Lauf zu verändern. Weil genau diese Vorwärtsbewegung bedeutet, sich aus der bisherigen Komfortzone herauszubewegen. Selbst wenn wir wissen, dass die alten Wege nicht sinnvoll, womöglich schmerzhaft oder sogar destruktiv sind. Das Bekannte hat eine eigene Schwerkraft, das Neue macht uns erst mal Angst. „Wenn du etwas erleben willst, was du noch nie erlebt hast, dann tu, was du noch nie getan hast." Das hört sich theoretisch wunderbar an, aber in der Praxis verursacht es Stress.

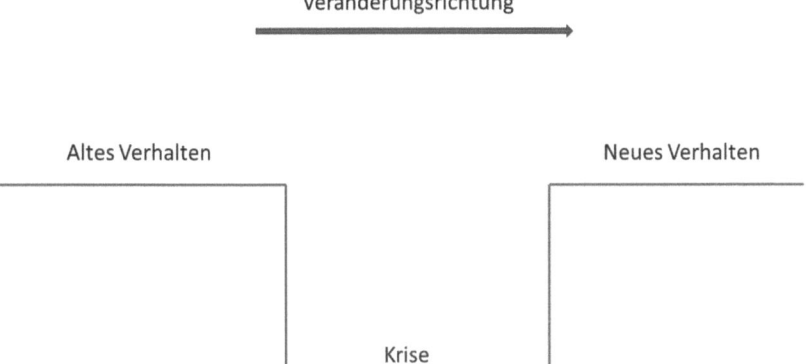

Deshalb schreibe ich dieses Buch, um Ihnen Mut zu machen, in die Veränderung zu gehen. Ein neues Leben und Verhalten zu integrieren, wenn Sie an Ihrem alten Leben und Verhalten etwas stört. Um Ihnen Aufklärung zu bieten, in welcher Form und vor allem Fristigkeit Veränderung überhaupt möglich ist, bei den ganzen Versprechungen, die Ihnen auf dem Psychomarkt gemacht werden.

Das Buch entstand auch, um Ihnen aufgrund meiner bisherigen Erfahrungen mit vielen Klientinnen einige Hilfestellungen zu geben, mit denen Sie sich immer wieder auf den Boden der Realität zurückholen können, um die Schritte in Richtung Veränderung überhaupt wirklich gehen zu können. Vor allem, um Ihnen zu zeigen, dass die Symptome, unter denen Sie während eines Veränderungsprozesses leiden, normal sind. Dass es allen Menschen in einer solchen Situation so geht, und gleichzeitig, mit welchen konkreten Übungen Sie das bewältigen können. Inklusive zahlreicher Hinweise auf die Fallstricke, die uns unsere Psyche immer wieder gratis mitliefert, um Veränderung zu verhindern.

Wir sind Gewohnheitstiere, kaum jemand geht freiwillig in eine Transformation bzw. Veränderung – aber das Leben selbst ist Veränderung, ist Bewegung und der tatsächlich größte Stress und auch oft daraus folgendes Leiden, körperlich und/oder psychisch, entsteht durch den Widerstand gegen diese Bewegung, die „not-wendig" ist.

Damit Ihre Wege für Sie gangbarer werden, bemühe ich mich, Ihnen zu erklären, warum wir Menschen uns bestimmte Verhaltensweisen aneignen, ausbilden und festigen. Welche positive Absicht hinter diesem Verhalten steckt und wie wir dieses Verhalten langsam in die gewünschte Richtung verändern können. Stress reduziert sich mit ansteigender Entspannung, und wir „Kopffüßler" entspannen uns, sobald wir etwas besser durchdringen und verstehen.

Sie sehen: Selbsterkenntnis (aus dem Unbewussten in die Bewusstheit) und Selbsthilfe für Ihren Veränderungsprozess sind die zentralen Anliegen dieses Buches, damit Sie auf dieser Basis Schritt für Schritt weitergehen. Schritte alleine, aber auch Schritte unter fachkundiger Anleitung und Begleitung eines Coaches oder Therapeuten. Nicht weil ich Ihnen so viel Veränderung alleine nicht zutraue, sondern deshalb, weil es unter fachkundiger Anleitung in der Regel leichter und schneller gehen kann. Und das normale Leben ist schon schwer genug. Ein hinreichender Grund, es sich hier etwas leichter zu machen.

Manchmal braucht man eben auch diesen Spiegel eines professionellen Gegenübers, damit man sich in die eigenen, allzu menschlichen Beschränkungen nicht verliert. Vor allem dann, wenn Sie selbst merken oder durch Ihre Umwelt darauf aufmerksam gemacht werden, dass Sie über einen gewissen Punkt nicht hinauskommen. Genau dann sollten Sie fachkundige Hilfe in Anspruch nehmen.

Ihr Auto reparieren Sie in den seltensten Fällen selbst, genauso wenig wie Ihre Waschmaschine. Ähnlich sehe ich das auch bei unserer gestressten Seele.

Sehen Sie das Buch vielleicht auch unter diesem Blickwinkel: Da ist jemand vor Ihnen schon eine ganze Weile unterwegs, hat viel erlebt und viel erfahren und nimmt Sie nun für einen gewissen Zeitraum an die Hand, um Ihnen etwas aus seinem persönlichen Schatzkästchen zu zeigen. Ich persönlich wünsche mir, dass Sie einiges davon für sich selbst brauchen und anwenden können. Und ich wünsche mir weiterhin, dass Sie sich auf den Weg machen in ein unbeschwerteres und glücklicheres Leben: Wir sind auf der Welt, um glücklich und zufrieden zu sein. Glücklich und zufrieden wie der satt und wohlig vor sich hin glucksende Säugling, der wir alle mal waren. Erfahrungsgemäß schaffen wir es immer wieder, egal wie stürmisch die Lebens-See derzeit ist, in diesen Zustand zurückzukehren. Und, wie eine Freundin sagt: „We all just walk each other home" - Sie sind nicht allein.

In diesem Sinne wünsche ich Ihnen viel Spaß beim Lesen, beim Ausprobieren, bei Ihren Erfolgen und Niederlagen und freue mich über Ihre Anregungen und Fragen.

Coaching|Mediation|Seminare

Ihr Volker Hepp

11

WARUM ICH DAS ÜBERHAUPT SCHREIBE

Warum ich dieses Buch überhaupt schreibe? Ratgeber für Veränderungsprozesse und Selbsterfahrungsseminare gibt es ja
schließlich genug. Ich schreibe es auf jeden Fall nicht, weil ich
es muss, weil es dazugehört, weil man(n) das so macht. Dieses
Buch entstand zuallererst aus eigener Betroffenheit, und dann
im Nachgang natürlich auch deshalb, weil ich im Laufe meiner
Coachingpraxis viele Klienten auf ihrer Reise begleitet habe und
mir einige Dinge dabei aufgefallen sind.

Da ich in meinem Erstberuf Journalist bin, habe ich mir es angewöhnt, meine Gedanken aufzuschreiben und zu sammeln. Und
vieles aus dieser persönlichen Sammlung und den Mitschrieben
aus den Coachings habe ich jetzt in dieses Buch gegossen. Es ist
also eine Verdichtung aus vielen eigenen Beobachtungen. Viel
Stoff und manchmal auch zu viel. Sorry – ich kann da nicht anders. Und oft macht es Sinn, es immer wieder aus der Hand zu
legen, einen oder zwei Schritte im richtigen Leben zu machen
und dann weiterzulesen.

Doch zurück zur eigenen Betroffenheit. Nach dem Abitur stand
ich vor der schwierigen Wahl, was ich jetzt machen möchte. Ich
hatte einen Studienplatz Psychologie an der LMU in München
und gleichzeitig das Angebot, bei einer Tageszeitung ein Volontariat zu machen. Da ich mit Bestehen des Abiturs aus einer längeren „katholischen Nahkampfausbildung" in einem Jesuiten-

Internat in die Freiheit entlassen wurde, hatte ich damals keine Lust, wieder in eine Studien-Abhängigkeit zu gehen, sondern wollte selbstständig und eigenbestimmt sein. Deshalb entschied ich mich für das gut bezahlte Volontariat.

Doch die Psychologie hatte nach wie vor einen großen Stellenwert in meinem Leben. Weil ich bei mir Bereiche in meinem Leben bemerkte, die, sagen wir es mal so, suboptimal auf verschiedenen Ebenen liefen: Irgendetwas in mir lief nicht so rund, wie ich es mir vorstellte. Und so begab ich mich auf die Suche. Wie die meisten erst einmal über Bücher, später einschlägige Seminare und letztendlich landete ich auf der Couch. Ganz klassisch. Ich brauchte zwei Jahre, um meine Therapeutin davon zu überzeugen, dass ich mich wohler fühlte, wenn ich ihr gegenüber sitzen würde. Die Qualität ihrer Arbeit war auch dementsprechend. Und sie blieb nicht meine letzte Anlaufstelle – klassische Tiefenpsychologie, Verhaltenspsychologie, NLP-Therapie mit vielen Phantasiereisen, Kinesiologie mit dem Versuch, vieles weg zu balancieren, Schamanismus und vieles mehr. Eigentherapie, Supervision und Ausbildungen. Viele meiner Ausbildungen können Sie auf meiner Website nachlesen.

So richtig zufrieden, rund und satt machte mich allerdings keine dieser Therapieformen. Viel Intellekt, wenig Körper. Und mir ging es zeitweise schlecht, periodisch immer wieder. Egal, was mir versprochen wurde – von Tschakka bis hin zu „das wird länger dauern".

Alle Schritte also, von der Suche nach einem geeigneten Therapeuten oder Coach, über die geeignete Methode, mit allen Aufs und Abs, mit allen Wirrungen und Irrungen, die Sie vielleicht ebenfalls schon hinter sich haben oder noch mittendrin stecken, habe ich selbst durchlaufen und durchlitten. Und erst in den letzten zehn Jahren entdeckte ich Methoden, Verfahren und Ansätze, von denen ich das Gefühl hatte, dass sie mich weiter- und in meiner persönlichen Suche näher an mein Ziel bringen. Die hatten allerdings nichts mit den klassischen Ansätzen zu tun, die die Krankenkasse hier in Deutschland bezahlt, sondern mit anderen Verfahren. Verfahren, die versuchen, eine Synthese zu bilden zwischen dem, was wir körperlich erleben, und unserem Intellekt. Ich fühlte mich auf einmal als ganzer Mensch erkannt und mitgenommen. Das tat gut.

Gleichzeitig bekam ich über die Bindungsforschung und -theorie wichtigen Input für mein aktives Hirn: Warum ich so bin, wie ich bin und/oder war. Das passte. Immer besser. Deshalb habe ich mich gerade in diesen Richtungen weiter professionalisiert. Meine Coachings und auch meine Aufstellungsarbeit haben sich dadurch geändert. Für mich und meine Klientinnen zum Positiven hin. Und genau dieser Ansatz aus fernöstlichen Elementen, Hirnforschung, alten Körpertherapieansätzen, Bindungstheorie, Entwicklungspsychologie und natürlich aus dem, was ich während meiner anderen Aus- und Weiterbildungen gelernt habe, macht heute eine gute Melange in meiner Arbeit. Zunächst für meine eigene menschliche Entwicklung und natürlich auch für meine Klienten, die ich damit „beglücke".

Und glauben Sie mir – ich habe bisher intensiv gelebt, mit allen Facetten, die das Leben so bietet. Berufliche Niederlagen und Erfolge, Beziehungen, eine Ehe und all die Dinge, die das Leben für uns bereithält, damit wir in Bewegung bleiben.

Wir können nur sehr wenig in unserem Leben wirklich vermeiden, wir verändern uns permanent und wir müssen mit dem zurechtkommen, was gerade ist. Genau darum geht es in meiner Arbeit und auch in diesem Buch: Wir sollten immer besser mit dem zurechtkommen, was gerade in unserem Leben ist. Nicht mehr und nicht weniger. Wir können weder unsere Kindheit noch unsere Biografie weg-x-en, sondern wir können nur lernen, immer besser damit zurechtzukommen. Damit wir es auch immer besser schaffen, selbstbestimmt, aufrecht und erwachsen durch unser Leben zu gehen und dem Leben, unserem Leben, zu begegnen.

Und genau diese Erfahrungen möchte ich Ihnen weitergeben, möchte Sie daran teilhaben lassen – damit Sie es sich vielleicht etwas leichter machen in Ihrem Leben. Dabei immer wieder und immer mehr auf Ihren inneren Erwachsenen zurückgreifen können, der Ihr bisheriges Leben gemeistert und sprichwörtlich „überlebt" hat.

Alles, was Sie auf den folgenden Seiten lesen, hat etwas mit mir zu tun, hat etwas mit den Schritten zu tun, die ich gegangen bin und von denen ich aus eigener Erfahrung fest davon überzeugt bin, dass sie auch Ihnen guttun werden.

Das ist meine Motivation!

EIN PAAR (NEURO)BIOLOGI-
SCHE VORBEMERKUNGEN

Was ich an der Hirnforschung der vergangenen Jahre mag, sind die Erkenntnisse, die gerade den Veränderungsmuffeln unter uns den Wind aus den Segeln nehmen. Zum Beispiel, dass unser Gehirn zeitlebens im hohen Maße formbar ist und die Nervenzellen sich immer wieder mit ihren Verschaltungen den neuen Gegebenheiten anpassen können. Damit ist rein biologisch nachgewiesen, dass eine Veränderung jederzeit möglich ist – wenn man es will. Vorausgesetzt, man ist physisch und psychisch dazu in der Lage.

Das bedeutet auch, dass wir die Verantwortung darüber haben, wie wir uns Gehirn nutzen wollen – oder eben nicht. „Use it or loose it", hat es Gerhard Hüther formuliert. Unser Gehirn wird während seiner frühen Entwicklungsphase am nachhaltigsten geprägt, also durch die Erfahrungen der frühen Kindheit bis hin zum Jugendalter. In dieser Zeit lernen wir Verhalten, üben es immer weiter ein und schaffen so unsere „Überlebensstrategie". Dazu aber mehr im nächsten Kapitel.

Die wichtigste Botschaft für mich ist aber, dass unser Gehirn und damit auch unser Verhalten lebenslänglich veränderbar sind. Auch Dinge, die wir in der Jugend nicht oder nicht gut gelernt haben, können sozusagen jederzeit „repariert", neu gelernt oder umgelernt werden. Unser Gehirn besteht aus rund 100 Milliarden Nervenzellen, von denen jede mit bis zu 10.000 Nervenzellen durch sogenannte Synapsen verbunden ist. Und diese Verbindungen sind unter anderem für Ihre Überlebensstrategie verantwortlich, für die Datenautobahnen in unserem Gehirn.

Wir Menschen lernen in den meisten Fällen aus einer Situation der Verunsicherung heraus. Verunsicherung geht meistens mit Angst einher. Zum Beispiel wenn wir als Babys früh von unserer Mutter getrennt wurden (auch phasenweise) und uns die Angst buchstäblich in die Knochen gekrochen ist. Wenn wir heute als Erwachsene Angst bekommen, die wir so gut kennen, dann setzen wir alles daran, diese Angst zu minimieren, zu bewältigen oder zu eliminieren. Unsere Angst und deren Vermeidung ist dabei eine Triebfeder unseres Verhaltens und der Veränderung: Wir Menschen sind angstvermeidende Lebewesen.

Gerade über unsere Angst-Bewältigung werden die Autobahnen in unserem Gehirn geprägt, also alle Nervenwege und Verschaltungen (Synapsen), die dieses Verhalten etablieren und für später abrufbar machen. Die dabei ausgeschütteten Transmitter und Hormone etablieren diese Verschaltungen dabei noch effektiver. Und je früher diese Erfahrungen gemacht werden, desto eindrucksvoller bleiben sie in unserem Leben präsent.

Genau an diese Verschaltungen heranzukommen, sie dann in einem zweiten Schritt in geeigneter Weise zu modifizieren, ist der größte und schwierigste Teil jedes nachhaltigen Veränderungsprozesses. Sie ahnen es – je länger diese Verschaltungen in uns schon aktiv sind, desto länger kann eventuell unser Veränderungsprozess auch dauern.

Ein Beispiel: Wenn der heute 50-jährige Martin ein bestimmtes Verhalten im Alter von 4 Jahren gelernt und immer wieder erfolgreich angewendet hat, dann besitzt er 46 Jahre positive Anwendererfahrung mit seinem Verhalten. Wenn Martin dieses Muster plötzlich ändern will, dann dauert das eben seine Zeit. Das ist auf der einen Seite beruhigend, auf der anderen macht es natürlich auch ungeduldig.

Die Schwierigkeit liegt darin, dass wir Menschen in vielen Fällen die einmal gefundenen Lösungswege (Bewältigungsmechanismen oder Überlebensmechanismen) fast zwanghaft wieder und wieder anwenden, wie ein Handwerker, der sein Handwerkszeug (zum Beispiel seinen Hammer) über alle Maßen schätzt. Und manchmal allen anderen Situationen in unserem Leben, die ebenfalls Angst auslösen, ebenfalls mit diesem „Hammer", also genau denselben Bewältigungsmechanismen begegnen. Der Handwerker im Beispiel sieht also überall nur Nägel, die er mit seinem Hammer bearbeiten kann. So entstehen aus Fahrradwegen im Gehirn irgendwann einmal Landstraßen, die, je älter wir werden und je öfter wir das Verhalten wiederholen, bis zur formidablen sechsspurigen Autobahn ausgebaut werden.

Unterstützt werden diese Vorgänge durch Veränderungen im Blutzuckerspiegel, der Aktivität unserer Organe und der von ihnen produzierten Signale und Hormone. All das wird vom Körper in Richtung Gehirn transportiert und dort wahrgenommen. Unser Gehirn macht sich dadurch ein Bild von dem, was gerade in uns vorgeht. Dabei ist es immer bemüht, uns in einem gewohnten Gleichgewicht zu halten.

Wenn wir bestimmte Handlungen und die dahinter liegenden neuronalen Verschaltungen vielfach wiederholen, verfestigen wir sie zu einem Autopiloten, der das Steuer effektiv übernimmt. Durch den Autopiloten nehmen wir bestimmte Dinge schneller, umfangreicher und schärfen wahr – andere Dinge rücken dafür in den Hintergrund, werden weggeblendet. Das ist auf der einen Seite sinnvoll, weil wir sonst in der Informationsflut ertrinken würden. Andererseits engt es uns in unseren Handlungsoptionen ein.

Diese Vorgänge werden immer wieder aufs Neue produziert, indem bestimmte Nervenzellen aktiviert und Muster, sprich unsere Notfallautomatismen, etabliert werden. Je öfter wir das erleben, desto schneller und automatischer wird das einmal erlernte und positiv verlaufene Muster ablaufen.

Unser Erfolg im Umgang mit dem Gelernten, dem vermeintlichen Universalwerkzeug („Hammer") und unserer Excel-Gläubigkeit, d. h., dem Denken in Ursache-Wirkung-Ketten, macht uns irgendwann blind für Handlungsalternativen. Wir haben dann – wie oben beschrieben – wirklich nur noch dieses eine Werkzeug, den Hammer. Und den wenden wir immer und immer wieder an.

Und „irgendwie" scheinen wir dann auch das Geschick zu haben, Außenwelten und Lebenssituationen zu generieren, die es erlauben, unseren Hammer wieder und wieder zum Einsatz zu bringen. Der Beginn eines persönlichen Hamsterrads. Was fehlt: Die routinemäßige Überprüfung des Werkzeugs! Ob es noch geeignet ist, die anstehende Situation zu meistern oder vielleicht gegen ein anderes Werkzeug, sprich anderes Verhalten, ausgetauscht werden sollte. Beim eigenen Auto sind wir da meistens fürsorglicher als bei unserem eigenen Verhalten und der Wahl unserer Handlungsoptionen.

Aber da jeder Mensch – so meine Grundannahme und positive Weltsicht – sich zu jedem Zeitpunkt seines Lebens verändern kann, so kann er sich neurologisch auch dafür entscheiden, sein Gehirn fortan anders zu benutzen, als er das bisher getan hat. Damit ist er in der Lage, altes Verhalten abzulegen und neues Verhalten zu lernen und anzuwenden. Aus einer bisher vielfach unbewussten Inkompetenz erlangt er so Schritt für Schritt eine bewusste Kompetenz. Und das aus dem einen Grund: Unser Gehirn programmiert sich aufgrund der Art seiner Benutzung von selbst. Die Entscheidung dafür müssen allerdings wir treffen.

Was passiert, wenn sich ein Mensch nicht entscheiden kann? Relativ simpel – dann wird er entschieden, und zwar durch seine genetische Prädisposition und die Gegebenheiten seines Aufwachsens und seiner Erziehung. Im schlimmsten Fall passt er sich auf eine Weise an, die ihm nicht guttut.

So viel zum Gehirn und seiner Entwicklung. Gehen wir noch einen Schritt weiter. Weil unser Gehirn nicht alles, sondern nur ein Teil unseres Körpers ist. Und es keine Unterscheidung zwischen dem Körper und unserem Gehirn gibt. Das ist vor allem deshalb wichtig, weil unsere Empfindungen/Emotionen durch unseren Körper vermittelt werden – unser Gehirn kann diese nicht haben. Es ist unser Körper, der im ständigen Kontakt steht mit unserer Umgebung und mit unserem Gehirn. Er ist es, der im Laufe des Tages Tausende von Stimulationen aufnimmt, verarbeitet und an unser Gehirn weitergibt.

Ein gutes **Beispiel** dafür ist Ärger. Er drückt sich zuallererst als Anspannung in den Muskeln aus und löst sich dann, wenn unser Rhythmus stimmt, in Entspannung auf. Wenn wir aber keine entspannenden Momente mehr finden, dann befindet sich unser Körper in einer permanenten Anspannung. Dasselbe gilt für die Schreckreaktion. Zum **Beispiel** Isolde: Wenn sie erschrickt, atmet sie vor Schreck ein, hält gleichzeitig die Luft an und spannt ihre Muskeln an. Sehr oft die Muskeln im Bereich Schultern und Nacken. Damit schützt sie sich dann vor einem Emotions-Tsunami. Gelingt es ihr mehrfach nicht, diese Schutzhaltung wieder aufzulösen – durch tiefes Ausatmen und Loslassen der betroffenen Körperregionen –, dann wird ihr Schulterbereich sich dauerhaft verhärten.

Folgende körperorientierte Fragen können dabei helfen, Ihren derzeitigen Körperstatus festzustellen. Nehmen Sie sich für sie immer wieder etwas Zeit und Ruhe, damit Sie ihn erforschen können:

• Fühlt sich mein Körper eher eng an? Wo genau? Wann tut er das? Wie geht er in diese Enge und mit welchen Mitteln entspannt er sich wieder? Körperliche Enge weist auf ein Schutzbedürfnis hin.

- Fühlt sich mein Körper starr und unflexibel an? Wo genau? Wann tut er das? Wie geht er in diese Starrheit und Inflexibilität und mit welchen Mitteln entspannt er sich wieder? Körperliche Starrheit deutet auf wenig flexible Reaktionsmöglichkeiten hin.
- Wo habe ich im Körper Schmerzen? Wo tut etwas weh? Wo genau habe ich diese Einschränkungen? Immer oder nur manchmal? Wann habe ich diese? Wenn wir Schmerzen und Einschränkungen haben, dann zwingt uns unser Körper eher zur Innenschau und wir sind im Außen weniger präsent.
- Wo fühlt sich mein Körper frei und entspannt an? Wann tut er das? Wie schaffe ich das und wie kann ich diesen Zustand reproduzieren und herstellen?

So folgt der Körper unseren Empfindungen und Emotionen oder produziert sie durch entsprechende Körperhaltung. Manchen Menschen sieht man ihren seelischen Zustand schon körperlich an. Die Emotionen und Empfindungen werden so auf einer muskulären Ebene verkörpert. Wir können also sprichwörtlich auch am Körper ablesen, wie es dem anderen und uns selbst geht. Ohne dass ein Wort gefallen ist. Das nennt sich dann Körpersprache, also Sprache des Körpers. Das mag auf der einen Seite anstrengend sein, auf der anderen Seite wird er dadurch auch zu einem unschätzbaren Hilfsmittel: Immer dann, wenn ich meinen Körper oder eine bestimmte Körperstelle als angespannt empfinde, dann läuft etwas falsch. Und immer dann habe ich die Möglichkeit, meinen Körper und die Situation, in der ich mich gerade befinde, zu erforschen. Und die Anspannung nach gegebener Zeit wieder aufzulösen.

Die Impulse aus den einzelnen Muskeln, aber auch Gelenken und Organen werden an unser Hirn gemeldet, das diese Empfindungen entschlüsselt und dann in Aktionen umsetzt. Voraussetzung dafür ist, dass wir unseren Körper und seine Signale und Impulse auch spüren, ansonsten sind wir im Autopiloten und unser Gehirn spult seinen automatischen Überlebensmechanismus ab.

Anspannung oder Entspannung wird im autonomen, nicht willentlichen Nervensystem (vegetatives Nervensystem) „produziert". Der Sympathikus aktiviert uns in Situationen, in denen wir sofort mehr Energie brauchen, der Parasympathikus holt uns wieder in die Entspannung zurück beziehungsweise baut die nicht verbrauchte Energie ab. Wenn wir einigermaßen im Lot sind. Wenn aber jemand wiederholte Traumatisierungen (ein „Zuviel", das wir mit unseren bisherigen Ressourcen nicht bewältigen können) erlebt hat, dann wird der Parasympathikus seine Aufgabe nur noch schlecht bis gar nicht erfüllen können. Wir bleiben dann auf unserer erhöhten Spannung hängen. Unter Spannung verstehe ich in diesem Zusammenhang ein übererregtes Nervensystem.

Innerhalb dieser groben Vereinfachung – Sympathikus und Parasympathikus – gibt es noch weitere Verzweigungen, die ich aber innerhalb dieses Buches nicht weiter erwähne. Wenn Sie daran interessiert sind – kontaktieren Sie mich bitte und ich nenne Ihnen einige lesenswerte Bücher dazu bzw. schlagen Sie in meinen Buchempfehlungen nach.

Wenn aber unser Körper durch Sympathikus und Parasympathikus seinen Stress/Anspannung und Entspannung selbst regelt, dann bedeutet das im Umkehrschluss, dass wir selbst auch für ein gesundes Maß an Anspannung und Entspannung sorgen können. Unser Körper hilft uns dabei. Und zwar, indem er uns ein „Zuviel" signalisiert. Er schärft also unsere Wahrnehmung. Wenn wir ihn und seine Signale wahrnehmen.

Und auch darum geht es in diesem Buch.

Um die Belastung innerhalb unseres Körpers wahrzunehmen, müssen wir seine Grenzen kennen, wahrnehmen und auch gleichzeitig mit unseren Bedürfnissen in Kontakt sein. **Beispiel**: Nehmen Sie an, dass Martin müde ist. Sein Körper fühlt sich schlapp an und seine Augen fallen zu. Sein Grund-Bedürfnis wäre, sich auszuruhen. Dem kann er dann nachgeben oder nicht.

Wenn sein Vorgesetzter ihn jetzt zu einer zusätzlichen Aufgabe überreden will, die den Nachteil hat, dass er Überstunden machen muss, dann ist er gefordert. Entweder er kann hier eine Grenze setzen und Nein sagen. Oder eben nicht – damit geht er in eine Überforderung und nimmt auf seine Bedürfnisse keine Rücksicht.

Unsere äußerste Grenze ist unsere Haut. Sie zu spüren gibt Halt und Sicherheit. Aus diesem Grund sind viele Übungen in diesem Buch auch darauf ausgerichtet, dass wir uns und unsere Grenzen wieder spüren. Sehr oft mithilfe unserer Haut und unseren Muskeln.

An diesen Grenzen findet der Kontakt sowohl mit uns selbst als auch mit anderen Menschen statt: Wo ende ich und wo fängt der andere an? Genau hier findet Begegnung statt. Das bedeutet, dass wir, um anderen Menschen und uns selbst begegnen zu können, an unsere Grenzen gehen müssen.

Dazu brauchen wir aber Körperwahrnehmung. Diese entsteht im Gehirn über die eintreffenden Informationen bezüglich unserer Position im Raum, den (An)Spannungsgrad unserer Muskulatur und den Zustand unserer Organe usw. Für unsere Körperwahrnehmung brauchen wir auch eine langsamere Geschwindigkeit. Und Achtsamkeit – aber darum geht es in den folgenden Kapiteln.

 Aus diesem Grund ein erster **Tipp**: Es ist gut, mehrmals am Tag auf die Anzeichen von Anspannung und Unbehagen zu achten – sie leiten uns dahin, wo gerade etwas nicht für uns stimmig ist. Durch diese Wahrnehmung kommen wir immer mehr zu einem kontinuierlichen Spüren, d. h., wir halten unsere Aufmerksamkeit bei unseren Körperempfindungen und damit bei uns. Und sind somit präsenter als vorher.

WOHER KOMMT
UNSER VERHALTEN?

Bevor wir in das Thema Veränderung einsteigen, ist es sinnvoll, sich damit zu beschäftigen, woher unser Verhalten denn kommt. Das Wissen darüber wird uns zwar nicht verändern – aber Wissen hilft uns im Allgemeinen, uns sicher zu fühlen und das Gefühl der Kontrolle zu haben. Sicherheit, Kontrolle und Angstvermeidung sind zentrale Themen für uns als Lebewesen ganz generell, besonders aber wenn wir uns verändern möchten.

Aus diesem Grund kann ich Ihnen den kurzen Ausflug zur Herkunft von menschlichem Verhalten nicht ersparen. Sie ahnen es sicherlich schon: Unser heute gezeigtes Verhalten hat viel mit unseren ersten Tagen als Mensch und unserer Kindheit insgesamt zu tun. Ich persönlich halte allerdings nichts davon, sich zu sehr und zu tief mit seiner Kindheit zu beschäftigen. Die ist vorbei und sie ist so gut verlaufen, dass wir erwachsen geworden sind und nun zum Beispiel dieses Buch lesen können. Wir können sie auch nicht verändern, sie gehört zu unserer individuellen Biographie.

Was wir aber tun können, ist, Bewusstheit zu erlangen über die Bedingungen, unter denen wir Kind waren, und aus dieser Bewusstheit heraus unser heutiges Verhalten verändern. Sofern es uns stört oder in unserer Entfaltung behindert. Wieso, dazu kommen wir auf den nächsten Seiten.

Damit sich ein Mensch möglichst optimal entwickeln kann, braucht er gute Entwicklungsbedingungen. Zu diesen zählen im ganz frühen Erleben eine gute plazentare Versorgung sowie ein guter Stoffwechsel der Mutter. Genauso wie der Verzicht der Mutter auf schädliche Substanzen, die das Kind über die Plazenta nachhaltig schädigen können. Auch die durch seelische und körperliche Belastung der Mutter während der Schwangerschaft hervorgerufenen Veränderungen der Hormone und Signalstoffe in ihrem Körper können die Entwicklung des Kindes negativ beeinflussen.

Ein Kind ist durch die Plazenta, die Nabelschnur und das Fruchtwasser untrennbar mit dem Erleben der äußeren Welt durch die Mutter verbunden. Im Guten wie im Schlechten. Es bezieht daraus Sicherheit und Geborgenheit, die durch plötzliche Störungen wie Geräusche, Angst und Stress gestört werden können. Bei manchen Menschen ist aufgrund dieser im Mutterleib gemachten Erfahrungen das Gefühl der Sicherheit und Geborgenheit schon von Geburt an schwach ausgeprägt.

Ein weiteres Kapitel ist der generelle und spezielle Umgang mit Angst, die zumindest schon vor und auch bei der Geburt als Stress erlebt wird. Und je nachdem, wie es dann weitergeht, wird im Gehirn des Kindes entweder Stress/Angst oder Sicherheit/Geborgenheit verankert. Damit es lernen kann, mit der Angst umzugehen, muss das Kind sie erst ausdrücken dürfen, um dann von außen wieder beruhigt zu werden. So lernt ein Mensch Selbstregulation. Je häufiger das gelingt, desto tiefer wird diese Erfahrung: Ich kann mich selbst beruhigen! Das wird dann im Gehirn des heranwachsenden Menschen verankert.

Durch diese wiederholte Verankerung wachsen Selbstvertrauen und Selbstbewusstsein. Das Kind entwickelt dadurch Bindung an seine primären Bezugspersonen und darüber hinaus Mechanismen, wie sicher es seiner Umwelt begegnet und mit welchen Bewältigungsmechanismen es sich in der Welt behauptet.

Dies gelingt umso besser, je mehr positive und stabile Wurzeln ein Kind ausprägen kann, um damit später sichere und feste Bindungen einzugehen. Sollten die primären Bezugspersonen hier Defizite haben, so kann ein Kind diese Ausbildung später nachholen, wenn es auf Menschen trifft, die ihm ebenfalls diese stabilen Gefühle vermitteln können. Dazu können im Erwachsenenalter Coaches und Therapeuten gehören, wenn sich ein Mensch diesen anvertraut. Allerdings – je früher diese negative wie positive Programmierung einsetzt, desto bestimmender wird sie für die späteren Bewältigungsmechanismen, die ich im Nachfolgenden kurz in fünf Ausprägungen skizzieren werde.

Bei allen fünf Ausprägungen geht es immer wieder um das Erleben von Angst in bestimmten Lebenssituationen und um deren Bewältigung. Je häufiger ein Kind bestimmte Angstbewältigungsmechanismen anwendet, desto mehr graben sich diese Bewältigungsstrategien auch in seine Hirnrinde ein, Synapsen verbinden die entstandenen Nervenbahnen miteinander. Es entstehen Grundtypen der Bewältigung, die ich ebenfalls auf den nächsten Seiten skizziere. Bisher ist alles allzu menschlich.

Je einseitiger und limitierter allerdings das Spektrum unserer Bewältigungsmechanismen ist – Sie erinnern sich: Werkzeug = Hammer – desto höher ist irgendwann die Wahrscheinlichkeit des Scheiterns in als Krisen wahrgenommenen Lebensabschnitten. Um beim Beispiel des Hammers zu bleiben – manchmal macht eben ein Akkuschrauber mehr Sinn, wenn kein Nagel, sondern eine Schraube das Problem ist. Ziele eines Coachings oder einer Therapie können also sein, das Handlungsspektrum zu erweitern und damit auch die Anzahl der Bewältigungsmechanismen, mit der wir der Welt begegnen.

Ich selbst benutze dabei immer gerne das Bild einer deutschen Straße mit ihren Leitplanken. Je weniger Bewältigungsmechanismen wir haben, desto enger ist die Straße und desto rigider engen uns unsere Leitplanken ein. Ein Ziel könnte es sein, die

Straße zu verbreitern und gleichzeitig auch unsere Leitplanken immer wieder etwas mehr nach außen zu setzen – damit wir mehr Luft und Freiheit zum Leben und zum Erleben haben.

Positiver Nebeneffekt: Wenn ich mit einer ganzen Bandbreite an Bewältigungsmechanismen durchs Leben gehe, dann kann ich auf die unterschiedlichen Herausforderungen auch unterschiedlich reagieren – mein Verhaltensrepertoire ist nicht mehr eindimensional, sondern erweitert sich auf verschiedene Dimensionen: Ich kann also wählen, ob ich mit Kampf, Flucht oder Erstarren/Totstellen reagiere, und überlasse diese Entscheidung nicht mehr meinem Autopiloten.

 Vielleicht ein **Tipp** vornweg: Ihre heute gezeigten Verhaltensweisen haben in den allermeisten Fällen mit Angst und mit der Abwehr dieser Angst, dem Wiederherstellen der inneren Ordnung und Sicherheit zu tun. Vielleicht bleiben Sie – wenn Sie eine wohlbekannte Verhaltensweise in sich aufkommen spüren – das nächste Mal kurz stehen, halten inne und fragen sich, wovor Sie denn genau jetzt gerade Angst haben? Denn genau darum geht es: Die Angst und die durch sie hervorgerufenen Limitierungen zu besiegen um dadurch wieder zu Lebendigkeit und Freude zu gelangen. Und sich davon überraschen zu lassen.

Wo Angst im Spiel ist, da ist immer auch eine erhöhte Grundanspannung in uns selbst vorhanden. Wir sprechen dann von Stress und einem erhöhten Muskeltonus bzw. Muskelanspannung. Die meisten unserer angelernten Verhaltensweisen, unserer Überlebensmechanismen, haben etwas mit Stress zu tun. Wir nehmen wahr, dass unsere Umwelt etwas an uns nicht mag. Das verunsichert uns und wir suchen einen Ausweg. Und entwickeln daraufhin unsere Verhaltensweisen. Und da diese auf Stress basieren, spüren Sie die Auswirkungen zum Beispiel durch

- eine höhere Grundanspannung, als sie vielleicht andere Menschen haben,
- ein verstärktes Bedürfnis nach Kontrolle und dadurch Sicherheit,
- eine Überreaktion bei eher harmlosen Auslösern, verbunden mit einem sekundenschnellen Hochfahren Ihres Nervensystems,
- Konzentrations- und Fokussierungsprobleme,
- usw.

Ein Beispiel: Wenn Martin zwischen 3 und 4 Jahren bemerkt, dass seine Eltern empfindlich bzw. ablehnend auf seine Lautstärke und Lebendigkeit reagieren, dann wird er von sich aus ruhiger und weniger lebendig werden. Pflegeleichter. Denn kein Kind eckt hier freiwillig immer wieder an, sondern schützt sich durch Anpassung vor Zurückweisung und Missbilligung.

Um diese Effekte zu mildern, entwickeln wir Strategien, uns zu beruhigen. Wir sprechen dann von Selbstregulation. Zur Selbstregulation zählen alle Aktionen, durch die wir es schaffen, wieder ruhiger zu werden. Zum Beispiel Sport, Arbeit, Aktionismus, Bewegungsdrang, Alkohol, Nikotin, Essen, Fernsehen, Computer, Reden, Aggressivität usw. Eigentlich ganz normale Handlungen. Aber: Das sind eigentlich alles Suchtmittel. Wir leben also – wenn wir uns umschauen – in einer süchtigen Gesellschaft. Und diese Süchte dienen dazu, uns zu beruhigen, den inneren Anspannungspegel zu minimieren. Den schon alleine unsere allgemeine Überlebensstrategie verursacht. Und wenn von außen noch eine Belastung extra hinzukommt, dann hängen wir sprichwörtlich unter der Decke. Den Älteren unter uns ist das HB-Männchen noch bekannt, das genau diesen Zustand sehr plastisch verkörperte.

Eine weitere Triebfeder, diese Verhaltensweisen auszuprägen, ist das Verlangen nach Anerkennung. Ein Kind möchte dafür geliebt werden, dass es da ist. Nicht mehr und auch nicht weniger. Und lernt und passt sich dann an seine Umwelt an, weil es auf die Resonanz angewiesen ist. Und auch auf die Anerkennung von außen. Und oftmals – bei unguter Entwicklung – werden dann Anerkennung und Applaus von außen zum einzigen Gradmesser des eigenen Wertes. Was vor allem im Arbeitsleben und in Beziehungen fatale Folgen haben kann.

Unsere so erworbenen bewussten und unbewussten Strategien verwechseln wir dann oft mit unserem Charakter. Postulieren unser „Ich bin halt so" mal entschuldigend, mal herausfordernd als ein unverrückbares Statement. Wie jetzt? Verwechseln wir nun unser Verhalten mit dem Charakter oder ist er tatsächlich nur ein Bündel von Eigenschaften und Mustern?

Nach meinem Dafürhalten handelt es sich tatsächlich um ein erlerntes Bündel von Eigenschaften und Mustern, die uns darauf determinieren, wie wir der Welt begegnen – und das kann ziemlich einengend sein. Weil wir im gewohnheitsmäßigen Handeln uns selbst auf diese Muster limitieren. Das Bündel an Eigenschaften und Mustern dient uns aber auch als Schutz, weil es uns vor Frustration, Leiden und Schmerz bewahrt. Sie erinnern sich? Wir bilden diese Verhaltensweisen aus, um uns an unsere Umwelt anzupassen. Was in früher Jugend wohl geholfen hat, engt uns aber später irgendwann ein und behindert unser Wachstum.

Das meiste läuft unbewusst und automatisch ab. Aus diesem Grund können wir diese Muster durch reines Nachdenken meistens nicht selbst erkennen, nicht alleine durchbrechen und verändern. Und – es gibt nicht den einen Charakter. Wir haben immer ein ganzes Bündel, eine Mischung aus verschiedenen Bewältigungsmechanismen, mit denen wir den verschiedenen Aspekten der Welt begegnen.

Die gute Botschaft: Wir sind nicht unsere derzeit gezeigte Persönlichkeit. Diese ist erlerntes Verhalten – unser Bewältigungs-Stil. Das kann schon mal ziemlich entlasten und von Eigen-Bewertungen, vulgo inneren Kritikern, befreien. Die Bewältigungsstile sind eben so, wie sie gerade eben sind. Und auf dieser Basis kann man dann weiterschreiten in seiner persönlichen Entwicklung.

Zunächst zurück dahin, wo unser Verhalten entstanden ist. Wenn ein Kind auf die Welt kommt, hat es in den jeweiligen Altersstufen seiner Entwicklung verschiedene Bedürfnisse, die erfüllt werden sollten, damit es ihm gut geht. Es wird in jungen Jahren aus einer recht engen Umwelt – Eltern und Familie – seine Rückschlüsse über die Welt und die Sicht der Welt ziehen. Aus diesen Rückschlüssen werden irgendwann Verhaltensweisen, mit denen es auf Herausforderungen seines Lebens reagiert. Die meisten dieser Verhaltensweisen sind Automatismen aus diesen frühen Rückschlüssen, die dem bewussten Gedächtnis selten zur Verfügung stehen. Man kann zu diesen Verhaltensweisen oder Überlebensstilen auch Abwehr sagen – sie schützen uns vor Erfahrungen von Leid, Trauer und Wut.

Ich werde versuchen, Ihnen in einem kurzen Überblick aufzuzeigen, welche Bedürfnisse das Kind unter anderem in der jeweiligen Entwicklungsstufe hat und wie es reagiert, wenn diese Bedürfnisse nicht oder nur rudimentär erfüllt werden, welche Bewältigungsmechanismen es daraufhin entwickeln kann und wie sich das heute im Erwachsenenalter möglicherweise auswirkt.

Wenn ein Kind geboren wird, ist es offen und neugierig auf die Welt, braucht eine unbedingte und adäquate Fürsorge und den (körperlichen und emotionalen) Halt seiner Mutter bzw. seiner Umgebung. Wenn Halt und Fürsorge, zum Beispiel durch Stress, emotionale oder tatsächliche Abwesenheit, Unsicherheit oder sonstige Gründe der Mutter, nicht gewährleistet sind, dann erlebt das Kind die Welt als feindlich und als nicht sicher. Und das muss nichts Großes sein: Babys erschrecken leicht, frieren, fühlen sich unwohl, sind überfordert durch eine plötzliche Veränderung, z. B. wenn sie unvermittelt hochgenommen werden.

Das Kind erlebt dadurch eine für sich existenzielle Bedrohung und protestiert mit Wut und Angst. Es erlebt seine tatsächliche Hilflosigkeit sehr deutlich, da weder Kampf noch Flucht möglich sein, und rettet sich in Erstarrung oder Kollaps. Dieses Einfrieren geht auf der körperlichen Ebene mit einer Kontraktion in den Nerven und Organen einher, meistens wird dabei auch die Bauchdecke angespannt. Diese Anspannung kann eines der Lebensthemen des Menschen werden.

Ein Beispiel dazu: Lange Zeit wurde Müttern vermittelt, dass sie ihre Kinder schreien lassen sollen, die beruhigen sich schon wieder. Dieses Sich-von-alleine-Beruhigen stellt jedoch keine Entspannung dar, wenn die benötigte Stressregulation durch die Mutter nicht erfolgt, es bedeutet in Wirklichkeit Kapitulation und Kollaps.

Als Erwachsener begegnet ein solcherart verunsichertes Kind der Welt eher zurückhaltend und zieht sich gerne zurück. Er fühlt sich in geistigen/gedanklichen/spirituellen Dingen sicherer als in der realen, stofflichen und körperlichen Welt. Er wird seinen Intellekt überbetonen und manchmal mit etwas Arroganz auf diejenigen herabschauen, die emotionaler als er unterwegs sind. Er ist eher ein Einzelgänger und braucht seine Ruhepausen und Rückzugsräume. Man könnte ihn auch – um das derzeit populäre Schlagwort zu benutzen – als „leisen Menschen" bezeichnen. Er hat unter einer eventuell nach außen gezeigten Coolness viel Anspannung in sich und kontrolliert gerne sich und seine Umwelt. Diese Kontrolle verschafft ihm die notwendige Sicherheit. Unter seinem Verhalten liegt die Angst, nicht richtig willkommen zu sein und seinen Platz auf dieser Welt nie zu finden. Ganz tief drinnen fehlt ihm Selbstvertrauen und auf seine Weise hasst er sich für diese Gefühle des Mangels.

Das neugeborene Kind wird älter, ist jetzt zwischen dem 6. und 24. Monat und braucht die körperlich-emotionale Versorgung durch seine Mutter bzw. Bezugsperson, d. h. die Erfüllung seiner Bedürfnisse nach ausreichend Nahrung und Pflege und natürlich auch die Erfüllung seiner Bedürfnisse auf der Gefühlsebene. Es schreit und möchte genährt, gepflegt, gehätschelt oder gewickelt werden. Bei diesen eher „mechanischen" Vorgängen braucht das Kind auch den Augenkontakt, das Gehalten-Werden, die beruhigenden Laute und die Zuwendung. Und zwar so lange, bis es wirklich sowohl emotional als auch physisch gesättigt ist. Werden seine Bedürfnisse nicht oder nur selten erfüllt, wird es nach einem Protest ebenfalls kollabieren und resigniert nach innen gehen: „Ich werde nicht erhört, meine vitalen Bedürfnisse werden nicht erfüllt – egal, wie lange ich schreie." Hirn und Nervensystem sind in dieser Zeit noch sehr fragil und entwickeln sich in einem rasanten Wachstum. Beide lernen in einem solchen Umfeld aber nicht, was es heißt, sich wieder zu beruhigen, weil Beruhigung und Bedürfnisbefriedigung zu dieser Zeit nur über die Mutter erfolgen.

Als Erwachsener wird dieser Mensch Probleme damit haben, seine Bedürfnisse und Wünsche offen auszudrücken. Gleichzeitig wird er immer auf der Suche nach dieser Sättigung sein, sie ist eine seiner unbewussten Hauptaufgaben. Er wird versuchen, das Maximale aus dem zu machen, was er gerade vorfindet, und sei das noch so wenig. Außerdem wird er mehr für andere da sein als für seine eigenen Bedürfnisse einzustehen. Er glaubt, irgendwann etwas zu bekommen, wenn er nur genügend gibt. Daraus entwickeln sich Mutter-Theresa-Typen, stets hilfsbereit, stets aufopfernd. Da sie von ihrer Mutter nicht gelernt haben, wie man sich adäquat wieder beruhigt, sind sie Menschen, die sehr schnell innerhalb ihrer gesamten Gefühlsbandbreite hin und her geworfen werden, gleichfalls Probleme mit ihrer Selbstregulation haben. Der davon Betroffene gibt sich insgeheim selbst die Schuld für alles, fühlt sich sehr bedürftig, unerfüllt und leer. Und schämt sich dafür.

Das Kind ist nun zwischen 1,5 und 3 Jahre alt. Es erprobt seinen Selbstausdruck und seine Durchsetzungs- und Aggressionsfähigkeit. Es strebt nach Unabhängigkeit und wichtig ist jetzt, dass es in diesem Ausprobieren durch sein Umfeld unterstützt wird.

Vielleicht wächst es gleichzeitig in einer Umgebung auf, in der eine gereizte Stimmung herrscht, während man nach außen so tut, als ob alles in Ordnung wäre. Oder es wird zum Spielball eines miteinander kämpfenden Elternpaares. Oder zum Partnerersatz für eines der beiden Elternteile. Es wächst vielleicht in einer Umgebung auf, in der die Erwachsenen so tun, als ob sie sich um das Kind sorgen und kümmern, im Grunde aber nur an sich selbst interessiert sind, also ausgeprägte narzisstische Züge haben. Das Kind bekommt zwar vermeintliche Unterstützung, aber nur um den Preis, dass es dadurch manipuliert wird. Es wird wütend und gleichzeitig spürt es auch seine Hilflosigkeit und Schwäche.

Als Erwachsener wird das Kind alles daran setzen, dass ihm diese Hilflosigkeit und Schwäche nie wieder passieren wird. Dazu benutzt es Kontrolle, Wut und Ärger. Für den Erwachsenen ist es wichtig, dass er „das Sagen" hat. Man kann diese Erwachsenen auch als „Ragaholic" bezeichnen, die auf ihre Art immer wütend sind. Kontrolle erreichen sie über Wut und ihre Fähigkeit, anderen Menschen Furcht einzuflößen. Oder über ihre charismatischen Züge. Es gibt beide Ausprägungsstufen. Da dieser Mensch in einer für ihn unsicheren Umgebung aufgewachsen ist, hat er sehr feine Antennen für seine Umwelt entwickelt. Er ist dadurch seinen Mitmenschen sehr oft „einen Schritt voraus". Gleichzeitig ist er wettbewerbsorientiert und bereit, Verantwortung zu übernehmen, wobei die Grenzen zwischen Verantwortung und Macht fließend sind. Die größte Angst, gegen die dieser Überlebensstil ankämpft, sind Erfahrungen der Hilflosigkeit, Schwäche und Abhängigkeit aus seiner Jugend.

Im Alter zwischen zwei und vier Jahren geht es in der persönlichen Entwicklung um die Autonomie. „Wer bin ich?" und „Wie weit darf oder kann ich gehen?" – „Wie weit kann ich mich von meinen Bezugspersonen entfernen und bis zu welchem Punkt gehöre ich noch dazu?" – „Wo bin ich, wo ist meine Familie?" – „Darf ich Nein sagen, ohne verstoßen zu werden?" Das sind typische Fragen in dieser Altersstufe. Das Kind will vor allem seinen eigenen Impulsen folgen. Manche Eltern reagieren auf diese Entwicklungen eher drängend, einengend und kontrollierend. Sie erlauben dem Kind nicht die Erprobung dieses für seine Entwicklung notwendigen Selbstausdrucks, es darf seinen Willen nicht ausleben. Meistens gibt es auch jemanden, der es „besser weiß" als das Kind selbst. Das Kind fühlt sich dadurch frustriert und behindert. Es erlaubt sich aber nicht, seinen Ärger offen auszuleben, weil das offene Ausleben auch „Ausschluss" aus dem Familiensystem bedeuten könnte, so die kindliche Logik und Angst. Der Wille des Kindes wird entweder offen durch die Bezugspersonen gebrochen oder durch den Einsatz der Religion und deren Regeln. Es reagiert auf die Anpassung an diese Regeln freundlich, lehnt sich aber auf einer tieferen Ebene dagegen auf.

Als Erwachsener wird dieser Mensch seine Freundlichkeit kultiviert haben. Er ist hilfsbereit, arbeitet und leistet viel und bietet im Allgemeinen eine gute Performance. Er strengt sich außerordentlich an und arbeitet aufgrund seines ausgeprägt starken Willens recht erfolgreich. Wille und Anstrengung, Gefälligkeit und Leistung sind die Pfeiler, auf der seine nach außen gezeigte Persönlichkeit beruht. Gleichzeitig zeigt der Erwachsene auch passiven Widerstand, indem er zum Beispiel Termine vergisst, trödelt und alles auf die letzte Minute hin erledigt. Seinen Ärger hält er zurück, geheim. Zurückhaltung in allen Bereichen ist eine typische Charaktereigenschaft. Trotzdem verbreitet er manchmal die Aura eines Dampfkochtopfs. Die Menschen um ihn herum spüren, dass da noch viel unausgesprochene Wut und Druck im System sind. Menschen mit diesem Bewältigungsstil sagen nicht gerne „Nein", da sie Angst haben, nicht mehr akzeptiert und geliebt zu werden. Andere könnten entdecken, wie sie wirklich sind: Ärgerlich, rebellisch, voller Kraft, stur und unabhängig. In sich entdecken diese Menschen sehr oft Gefühle von Hoffnungslosigkeit, von Feststecken in einer Situation und auch von Ausweglosigkeit.

Das Kind ist jetzt zwischen vier und sieben Jahre alt. Es entdeckt die Themen Liebe, Sexualität und Leidenschaft, vor allem zum gegengeschlechtlichen Elternteil. Es wird in diesen Annäherungen von seinen Eltern zurückgewiesen. Die Abweisung geschieht im oben genannten Alter oder in der Pubertät. In der Familie herrscht eine eher rigide Atmosphäre, was diese Thematik angeht. Zuneigung gibt es nur für besondere Leistung. Zärtlichkeit und Emotion werden nicht offen ausgedrückt oder gleich abgewertet. Oder die Erwachsenen nehmen das, was das Kind tut, niemals als vollständig, wertvoll oder richtig an. Das Kind erfährt im Umgang mit seiner Umwelt, dass seine ureigenen Bedürfnisse nicht zählen. Es kann nur durch Leistung Liebe verdienen.

Der Erwachsene hat seine Lektion gelernt: Zuneigung und Liebe gibt es nur dann, wenn die Leistung stimmt, wenn er keine Fehler macht und dadurch unangreifbar wird. Er setzt sich seine Ziele selbst. Diese werden immer höher, ob im Beruf oder im Privatleben. Zu einer seiner Leistungen gehören auch blendendes Aussehen und körperliche Makellosigkeit. Der Erwachsene hat die Rigidität des Elternhauses übernommen und ist hart gegenüber sich und anderen. Er hat kein Problem mit einem Nein und weist in Beziehungen meistens als Erster zurück, um nicht von anderen zurückgewiesen zu werden. Unter diesem Verhalten steckt eine tief verletzte Persönlichkeit, die sich ungeliebt, unliebbar und hässlich fühlt. Es sind oft sehr energische und aktive Menschen, die sich aber nie zufrieden und satt fühlen. Egal, welche Ziele sie erreicht haben, es wird nie reichen.

UNSERE ANPASSUNGSSTRATEGIEN

Diese vorherrschenden Einflüsse in diesen fünf Entwicklungs-
zeiträumen bewirken, dass Kinder eine bestimmte Persönlichkeit
ausprägen und welche. Natürlich geht die Entwicklung eines
Menschen auch danach noch weiter, der Einfachheit halber habe
ich mich aber auf die ersten 6 Lebensjahre eines Menschen beschränkt. Jedes Kind passt sich instinktiv seiner Umwelt an, um
aufwachsen und überleben zu können. Diese Anpassung sind
kindliche Adaptionsversuche an die Umwelt und den Stress, den
diese Umwelt verursacht. Sie sind also keine Krankheiten oder
schlechte Angewohnheiten, sondern eine erfolgreiche Bewältigung von Problemen, die nicht in der Verantwortung der Kinder
lagen. Sie merken, viele Verhaltensweisen sind „erzwungener-
maßen" erlernt!

Kinder sind flexibel und haben die großartige Fähigkeit, sich
schnell, kreativ und sehr zielorientiert an ihre Umweltgegeben-
heiten anzupassen. Die Mutter von Martin hat zum **Beispiel** Probleme mit der adäquaten Versorgung ihres Sohnes – dann lernt
Martin sehr schnell, wie er seine Mutter in die Lage versetzt, ihn
zu versorgen. Die Mutter ist traurig – Martin lernt sehr schnell,
wie er sie aufheitern kann. Beide Eltern brauchen Ruhe – Martin
lernt sehr schnell, sich anzupassen und sprichwörtlich mit der
Umgebung zu verschmelzen, wenn er merkt, dass er den Eltern
mit seiner Lebendigkeit zu viel wird.

 Ganz wichtig: Durch diese großartigen Anpassungsleistungen schaffen es Kinder, erwachsen zu werden.
Sie entsprechen allerdings nicht dem „Normalzu-
stand" des Kindes, sondern sind durch seinen Überle-
bensstress induziert, der nie nachlässt. Alle fünf Bewältigungsstrategien besitzen ein erhöhtes Stressniveau,
da die einmal erlernte Strategie aufrechterhalten werden muss, um das Überleben auch im Erwachsenenalter zu sichern. Jede dieser Bewältigungsstrategien ist

aber auch eine Art Komfortzone: Wir haben gelernt, durch diesen Bewältigungsmechanismus unser Leben zu meistern, wenn auch mit erhöhtem Energieaufwand und zusätzlichem Stress. Wir bewältigen mit ihrer Hilfe erfolgreich unser Leben und wenden sie deshalb immer wieder an. Sie wird zu einem unbewussten und gewohnheitsmäßigen Handeln, das Sicherheit und maximale Kontrolle beinhaltet.

Die Herausforderung in der Arbeit an der eigenen Anpassungsstrategie liegt darin, dass diese Mechanismen sich nach jeder erfolgreichen Wiederholung immer stärker in die unbewussten Verhaltensabläufe einbrennen. Unser Hirn greift gerne auf die Erfolge und natürlich auch Erfahrungen der Vergangenheit zurück, um daraus Handlungssicherheit für die Gegenwart und die Zukunft abzuleiten. Dadurch bleiben diese erfolgreichen Anpassungsleistungen fest in unserem Nervensystem und letztlich auch in unserer Identität gespeichert. Vielleicht stellen Sie sich das so vor: Sie gehen jede Woche drei Mal ins Fitnesscenter und trainieren immer wieder einen bestimmten Muskel oder eine Muskelgruppe. Die wird immer kräftiger und durchhaltefähiger. Und natürlich benutzen wir diese Muskeln auch am liebsten. Weil wir uns auf sie am besten verlassen können.

Etwas, das immer wieder funktioniert hat, wird dann auch bei jeder nächsten Herausforderung angewendet; bis ins Erwachsenenalter hinein. Und das, hier wird es spannend, ohne zu hinterfragen, ob dieses im Kindesalter eingeübte Verhalten auch mit beispielsweise 50 Jahren noch sinnvoll ist. Oft bemerken wir unsere erlernten Anpassungsleistungen nicht mehr, weil sie uns unbewusst sind. Es agiert automatisch. So kann es passieren, dass ein Fünfjähriger einen Fünfzigjährigen steuert.

UNSERE EIGENTLICHE IDENTITÄT

Unsere Anpassungsstrategien können zum Beispiel sein:

- **Unabhängigkeit** – Ich brauche keinen anderen!
- **Hilfsbereitschaft** – Ich tue alles für dich, was du brauchst!
- **Größe** – Ich bin besser, schneller und größer als du!
- **Anpassung** – Ich passe mich dem an, wie du es willst!
- **Leistungsbereitschaft** – Ich bin immer perfekt!

Neben dieser nach außen gezeigten Anpassungsstrategie existiert aber noch eine andere, versteckte und gern geheim gehaltene Seite:

Das nach außen gezeigte Verhalten, die Bewältigungsstrategie, mit der wir unterwegs sind, ist eine Anpassungsleistung an das Unvermögen der Umwelt. Kinder nehmen sich zunächst als „Nabel der Welt" wahr und als Ursache für die Reaktionen ihrer Umwelt. Sie beziehen viele Reaktionen der Umwelt auf sich und bilden daraus Glaubenssätze.

Diese Glaubenssätze beinhalten auch die Angst und Scham, vielleicht doch am Unglück der Eltern die Schuld zu tragen, ein schlechtes Kind zu sein, da die Mutter immer weinen muss, den Erwartungen der Eltern nicht zu entsprechen, da diese so oft miteinander streiten. Vor allem die Scham macht uns zu schaffen. Scham entspricht einem Kollaps und dem Versuch, einer tiefen kindlichen Not Sinn zu geben. Scham hat sehr oft etwas mit einer kognitiven Verzerrung zu tun.

Diffuse oder konkrete Gefühle von Angst und Scham und die Befürchtung, dass an diesen Glaubenssätzen doch was dran sein könnte, müssen unter der Decke gehalten werden. Sie dürfen von der Umwelt nicht entdeckt werden. Die Anstrengung, diese Angst und Scham von sich fernzuhalten, zu unterdrücken, nicht zu spüren, erfordert zusätzlich Energie.

Wir tragen auf der einen Seite unser Verhalten nach außen, auf der anderen Seite die Ängste und Schamgefühle in unserem Inneren. Je stabiler und ausgeprägter das nach außen gezeigte Verhalten wird, desto stabiler und ausgeprägter werden Ängste und Schamgefühle bzw. die Angst vor deren Entdeckung im Inneren.

Um beide Rollen aufrechtzuerhalten, bedarf es sehr viel Energie. Energie, die Ihnen an anderer Stelle in Ihrem Leben nicht mehr zur Verfügung steht. Und – weder die Anpassungsleistung noch diese Gefühle von Angst und Scham haben etwas mit unserer Identität zu tun, sondern sind erlernte, angeeignete Rollen.

POSITIVE WIEDERHOLUNGEN – GUT TRAINIERTER MUSKEL

Wie schon erwähnt – wir funktionieren nicht viel anders als ein Hund in den Experimenten von Pawlow. Wir erkennen, mit welchen Mitteln wir etwas von unserer Umwelt erhalten, wir wenden die Mittel an und wir verfeinern diese Anwendung ständig. Wie ein gut trainierter Muskel, der immer dann eingesetzt wird, wenn wir etwas brauchen.

So bahnen sich sechsspurige Verhaltensautobahnen in unser Hirn. Es setzt sich ein Automatismus in Gang, der uns die eigene Veränderung irgendwann erschwert. Und dieser Mechanismus ist dann meistens ein unbewusst gewordenes Handlungsschema im Autopiloten unseres Verhaltens.

Ein Beispiel: Martin hat einen Bewältigungsstil entwickelt, circa im Alter von vier Jahren, steht nun kurz vor seinem 50. Geburtstag. Er hat also 46 Jahre intensive Anwendererfahrung mit seinem Bewältigungsstil erlangt. Damit ist er besser trainiert als ein Olympiateilnehmer, der immer nur vier Jahre Vorbereitungszeit hat, bevor der nächste Wettkampf losgeht. Bei Martin ist jeder

Tag Wettkampf, seit 46 Lebensjahren.

Dies sei nur als Beruhigung gesagt für die Augenblicke, in denen Sie verzweifeln möchten, weil Sie immer wieder unter Ihrem ungeliebten Verhalten leiden.

Es hatte

1. irgendwann in Ihrem Leben einen sehr guten Sinn und wurde
2. schon sehr lange, sehr effektiv trainiert.

Deshalb: Seien Sie mehr und mehr friedlich mit sich. Haben Sie etwas Mitleid mit sich und geben Sie sich die Zeit, die Sie vielleicht brauchen, um Ihre individuellen Schritte in Richtung Veränderung zu gehen.

Genau diese Wiederholung, dieses Auftrainieren eines neuen Muskels ist eine der großen Hürden im Veränderungsprozess. Wenn ich mir diese Zeit nicht gönne, weil alles viel schneller passieren muss, dann werde ich daran scheitern. Weil ich zu ungeduldig bin und durch meine Ungeduld die Heerscharen der inneren Kritiker in Gang setze, die mich dann wieder selbst blockieren.

 Deshalb meine **Faustformel**: Je früher ich mir mein heute nicht mehr adäquates Verhalten antrainiert habe und je älter ich heute bin, desto länger benötige ich für meine Veränderung.

VERÄNDERUNGSARBEIT – WAS IST DAS?

Jetzt sind wir nach den vorausgegangenen Erklärungen über unsere Anpassungsstrategien am zentralen Thema angelangt. Sie wollen sich verändern und kennen die Verhaltensweisen, die Sie ändern möchten. Dann gibt es ab diesem Kapitel Tipps, Anregungen und Hinweise auf Fallstricke, die Sie bei Ihrem Veränderungswunsch behindern können.

Am Anfang einer Veränderung steht oft die Frage danach, „Warum" Sie überhaupt das Verhalten ausgeprägt haben. Dazu habe ich Ihnen ja schon im Kapitel über die Entstehung von Verhaltensmustern und Anpassungsstrategien das ein oder andere erklärt. Die Antwort auf diese Frage ist wichtig für unser Gehirn, damit wir die Dinge verstehen und über das kognitive Verstehen Sicherheit und Kontrolle erhalten. Nicht mehr und nicht weniger.

In einem Veränderungsprozess geht es nicht darum, tief in die Entstehung der Anpassungsstrategien und Verhaltensmuster, sprich Ihre Kindheit, einzutauchen. Die ist vorbei, nicht mehr modifizierbar und gehört untrennbar zu Ihrer Biografie. Ziel der Veränderungsarbeit ist vielmehr, Ihren heutigen Umgang als Erwachsener mit den gegebenen Startbedingungen besser zu bewältigen. Im Veränderungsprozess pendelt man also immer wieder zur Ursache hin, ohne dort lange zu verweilen, und kehrt recht zügig wieder in die Gegenwart, zum erwachsenen Erleben zurück.

Diese Aussage ist insofern wichtig, weil viele Menschen glauben, dass in einem Veränderungsprozess Dinge passieren, die sie so destabilisieren, dass ein normales Weiterleben als Erwachsener schwerlich möglich ist. Sie also von der Tsunamiwelle der Vergangenheit überrollt und verschluckt werden. Und sich aufgrund dieser Angst erst gar nicht dem Veränderungsprozess stellen.

Das Gegenteil ist der Fall: Ausgehend von der Erwachsenenperspektive geht es darum, zu schauen, warum und wann Verhaltensweisen entstanden sind, um diese dann in der Gegenwart zu modifizieren, sodass Sie weniger Stress und mehr Handlungsbandbreite erlangen. Es geht in dem Prozess also immer um die maximale Kontrolle und damit um die maximale Sicherheit. Von diesem sicheren Standpunkt aus kann dann auch mal in unbekannte Gewässer losgesegelt werden, um neue Erfahrungen zu machen.

 Wichtiges Stichwort Erwachsenenperspektive: Ich liebe Erwachsene, erwachsenes Verhalten und den sogenannten inneren Erwachsenen, der den anderen – etwas unsichereren – Anteilen in uns immer wieder gute Stabilität und Sicherheit gibt. Und auch darum geht es: Kontrolle, Sicherheit und Stabilität während eines Veränderungsprozesses.

Kann sich denn ein Mensch verändern, ohne dass er eine Herausforderung hat und ohne dass ihn etwas erschüttert, so quasi nur aus sich heraus? Nach meiner Erfahrung: nein. Es braucht einen Anstoß, eine gewisse Erschütterung, dass sich Menschen aus ihrer Komfortzone herausbewegen in Richtung Veränderung. Weil Veränderung meistens Angst macht und mit großer Unsicherheit verbunden ist. Und Unsicherheit ist ein Gefühl, das wir nicht wollen, bei dem uns die Kontrolle teilweise oder ganz fehlt. Und wir Menschen lieben Kontrolle.

Der Stein des Anstoßes: Gehen wir davon aus, dass irgendetwas passiert ist, das Sie aus Ihrer Komfortzone gekickt hat. Plötzlich haben Sie mindestens zwei Möglichkeiten:

1. Sie versuchen, so schnell wie möglich in Ihre Komfortzone zurückzukommen.
2. Sie nehmen die Herausforderung an und verändern sich.

Wenn Sie in meinem zugegeben binären Beispiel die zweite Alternative wählen, dann ist es gut, immer wieder auf die eigene Kapazität für Veränderung zu achten:

- Wie viel Raum für Veränderung habe ich denn gerade?
- Wie groß dürfen im Moment die Schritte sein?
- In welche Richtung muss ich zuerst gehen?
- Wo genau ist es gut, zu beginnen?

Die meisten Veränderungen finden nach meiner Erfahrung deshalb nicht statt, weil entweder die gewählten Schritte zu groß oder die Kapazitäten dafür derzeit noch nicht vorhanden sind. Hier ist es hilfreich, mit externer Unterstützung zu untersuchen, ob Sie Kapazität für eine Veränderung zur Verfügung haben und welche Schritte damit realistischerweise machbar sind.

Den Begriff Kapazität, den ich immer wieder verwende, werde ich im Kapitel „Kapazität für Veränderung" nochmals ausführlicher erklären. Vielleicht trotzdem vorab ein **Beispiel**: Wenn Martins Zeit tagtäglich mit Aufgaben und sonstigen Aktivitäten so durchgetaktet ist, dass er kaum noch Luft bekommt, dann hat er keine oder nur sehr wenig Kapazität für Veränderung. Weil jede Veränderung ein Zuviel wäre, gegen das sich sowohl Kopf als auch Körper wehren. Zu Recht, denn das ist eine Art innerer Burn-out-Schutz unseres Systems.

Das Ziel jedes weiteren Schrittes sollte sein, Kapazitäten frei zu machen, die dann für Veränderung aufgewendet werden können.

Veränderung ist immer ein Übergang von einer Lebensphase in die nächste. Und oft sind wir so schnell unterwegs, dass wir diese Sollbruchstellen nicht mitbekommen, oder uns nicht die Zeit nehmen, stehen zu bleiben, um uns kurz darauf einzustimmen. Es geht um schöpferisches Innehalten, durchatmen – um dann weiterzugehen. Veränderung hat etwas mit Wachstum zu tun – ich wachse über meine bisherigen Grenzen/Begrenzungen hinaus. Und es hat etwas damit zu tun, in der Realität zu sein. Ich spüre meine Begrenzungen und ich möchte mehr Handlungsfreiheit bekommen. Von Moment zu Moment. Jenseits von irgendwelchen Idealen, die die Außenwelt an mich heranträgt, sondern im Kontakt mit mir selbst und dem, was im Moment möglich ist.

Ich spreche von Schritten, nicht von einem 100-Meter-Spurt. Sich zu sagen: „Ja, das Leben ist Veränderung, ich verändere mich permanent." Sich der Veränderung zu überlassen und zu schauen, wohin man selbst gehen möchte.

Merken Sie den Unterschied? Es geht sprichwörtlich darum, das Glas nicht als halb leer, sondern halb voll zu sehen. Achtsam zu schauen, wohin ich selbst mich mit der Schubkraft, die da vielleicht von außen kommt, jetzt hinbewegen möchte. Und mich nicht auf das „Warum", auf das Wegschieben der Realität, auf mein aufkommendes Selbstmitleid usw. zu konzentrieren, sondern sich einer anderen, neuen Richtung zuzuwenden. Nutzen Sie das Bewegungsmoment in Ihrem Leben. Jetzt!

Achtsamkeit, Langsamkeit und schon werden wir wieder weiter …

Veränderung hat immer etwas damit zu tun, gewohnte Wege zu verlassen und das anvisierte Ziel vielleicht mit einer anderen Herangehensweise zu erreichen. Es bedeutet, etwas herauszufinden und zu entdecken, was mir bisher verborgen geblieben ist. Veränderung braucht Mut und Bereitschaft, das anzuschauen, was gerade da ist. Es geht dabei darum, von einem „Wer bin ich?" zu einem „Der oder die bin ich" zu kommen, weil die meisten

Menschen innerhalb ihres Veränderungsprozesses merken, dass alle sogenannten Charaktereigenschaften veränderbar sind. Sie sind selbst erzeugte Einschränkungen – unsere Überlebensstrategien, die ich Ihnen im Kapitel „Unsere Anpassungsstrategien" erläutert habe. Für mich persönlich ist Charakter eine bestimmte Weise, in der ich in bestimmten Momenten mit meinem Leben und meiner Umgebung umgehe. Nicht mehr, nicht weniger. Und diese Weise kann ich jederzeit verändern.

Dazu bedarf es in erster Linie Achtsamkeit, also der Fähigkeit, zu bemerken, dass ich mich wieder in den gewohnten Bahnen bewege. Und schon dieser erste Schritt der Achtsamkeit fällt uns meistens schwer. Vor allem im Alltag, wenn unser Automatikmodus einsetzt. Also – was nützt uns unser Wille zur Veränderung, wenn wir tagtäglich gar nicht merken, wo und wann genau wir uns verändern sollten. Ich muss also innehalten, langsamer werden, passiver und meine Aufmerksamkeit nach innen richten, anstatt permanent auf meine Umwelt fixiert zu sein. Dadurch werden mir meine Lebens-Impulse immer mehr bewusst. Es geht darum, mir die Herausforderungen zum jetzigen Zeitpunkt anzuschauen. Nicht, welche ich in meiner Kindheit hatte, sondern welche ich heute habe. Mehr dazu im Kapitel „Achtsamkeit".

In der Veränderungsarbeit geht es auch um die Übernahme von Verantwortung für das eigene Leben. Niemand sonst kann das tun, außer wir selbst. Verantwortung für das Leben, wie es hier und jetzt erlebt wird. Kein Abschieben der Verantwortung auf das Außen, auf unsere Eltern und/oder unsere Kindheit. Wir selbst sind heute dafür verantwortlich.

Deshalb ist es vor allem die Achtsamkeit im täglichen Erleben, die wir brauchen, um uns zu verändern. Wenn ich Achtsamkeit sage, dann schicke ich Sie nicht täglich für ein bis zwei Stunden auf das Meditationskissen oder die Yogamatte. Nein, das ist realitätsfern. Mir geht es um die kleinen Pausen zwischendurch, zwischen zwei Tätigkeiten. Ich selbst gehe, wenn ich unterwegs bin, immer irgendwo in ein nettes Café, um einen kleinen Espresso zu trinken, bevor ich mich wieder ins Taxi zum Flughafen setze. Seele baumeln lassen, immer wieder zwischendurch, mindestens drei Mal am Tag. Und darauf achten, wie es mir im Moment denn so geht.

Ein weiterer Schritt ist, darauf zu achten, was einen vielleicht an neuen Schritten hindert, obwohl man achtsam erlebt hat, dass man sich auf „alten Wegen" tummelt. Sprich – welche Ängste, Befürchtungen kommen denn ans Tageslicht, die mich davon abhalten, mich in die gewünschte Richtung zu verändern? Denn irgendwie wird das bisher gezeigte Verhalten ja auch etwas Gutes gehabt haben. Sonst hätten wir es nicht für uns entwickelt.

Auch wenn unserem Kopf klar ist, was gerade passiert, dauert es meistens doch noch eine Weile, bis das auch im Körper ankommt. Und oft wird dieses Ankommen vermieden –unser Denken bewahrt uns oft vor schlechten Gefühlen. Vielleicht ein Grund, warum unsere Gesellschaft heute vermehrt kognitiv, d. h. im Kopf unterwegs ist.

Genau diejenigen Gefühle, die nicht so offen und ehrlich gesagt werden dürfen, wie sie in uns sind, schmuggeln sich auf vielfältige Weise an die Oberfläche. Eine der Möglichkeiten ist die Projektion nach außen – damit aber machen Sie sich zum Opfer der Umstände. Es sind dann immer die anderen, die Welt an sich oder das Universum an allem Schuld. Anstatt selbst dafür verantwortlich zu sein. Verantwortung zu übernehmen bedeutet handlungsfähig zu sein.

Oder ich vergleiche mich mit anderen. Und bin wieder dort, wo es mir nicht guttut.

Warum schreibe ich Ihnen das? Ich erlebe es immer wieder – durchaus auch bei mir selbst –, dass wir uns mit unserer Ungeduld in der Veränderung selbst im Wege stehen. Mit all den Spielarten, die wir dazu entwickelt haben. Ein bisschen mehr

Spiel mit Gas und Bremse tut uns dann gut und wir können darüber mehr Kapazität für Veränderung gewinnen.

Erinnern Sie sich noch einmal daran: Oft ist es hilfreich, das eigene Leben als etwas zu betrachten, was einem ständigen Wandel
unterworfen ist. Stabilität ist eine Illusion, der Glaube an Dau-
erhaftigkeit eine Quelle von Leid. Vielleicht gelingt es aus dieser Haltung heraus, den eigenen (Ver-)Änderungsprozess etwas
besser und wohlwollender anzunehmen.

Ich kann mich nicht nicht verändern!

WARUM KLAPPEN VERÄNDERUNGEN NICHT?

Warum Veränderung manchmal so schwer ist und wir uns gerne
selbst im Wege stehen – das ist nicht nur eine Frage, die ich mir
durchaus selbst immer wieder stelle, sondern auch viele meiner
Klientinnen. Viele von uns tragen den Wunsch in sich, gesund
und wohl zu sein oder es schnell zu werden. Und sobald man
selbst erkannt hat, woran es denn liegen könnte, dass manche
Dinge nicht so laufen wie gewünscht – entwickeln wir enorme
Geschwindigkeit und Biss, um schnellstmöglich den erhofften
Zustand zu erreichen.

Apropos Biss: Ist Ihnen schon aufgefallen, wie viele Menschen
mit einem recht kompakten und angespannten Unterkiefer unterwegs sind? Nachts mit den Zähnen knirschen? Das sind körperliche Zeichen von Anspannung und zu viel Biss. Auch hier
geht es um das Thema Entspannung. Wir stehen uns mit dem
Bleifuß auf dem Lebensgas buchstäblich selbst im Wege. Denn
Gas zu geben und unbedingtes Wollen macht uns eng und führt
in die Anspannung. Und wer angespannt ist, der hat weniger
Kapazität für Neues in seinem Leben.

Ich packe den Stier erst einmal bei den Hörnern und beginne mit den Gründen, warum angestrebte Veränderungen nicht gelingen oder nicht nachhaltig sein können. Sozusagen als Orientierung. Manchmal ist es wichtig, entlastend und hilfreich vorab zu wissen, an welchen Punkten man scheitern kann. Damit es einen nicht kalt erwischt und entmutigt. Rückschläge gehören eben dazu. Vor allem bei persönlichen Veränderungen. Ohne Rückschlag kein Erfolg.

Nach meiner Erfahrung können Veränderungen aus verschiedenen Gründen nicht funktionieren.

Einer der Gründe kann sein, dass wir versuchen, etwas auf der reinen Handlungs- und Verhaltensebene zu verändern, ohne dass wir die Hintergründe und Ursachen für das bisherige Verhalten miteinbeziehen. Wir sollten also das miteinbeziehen, was uns zu dem gemacht hat, der oder die wir heute sind – mit all unseren menschlichen Beschränkungen.

Wenn wir auf einer reinen Handlungsebene im Sinne eines „Quick fix" etwas ändern wollen, das unserer Erziehung und unseren bisher gemachten Erfahrungen entgegenläuft, werden wir scheitern. Oder wenn wir sehr viel Energie und Willen aufwenden müssen, um die Veränderung aufrecht zu halten. Viel Energie und Willen bedeuten aber auch immer mehr Stress. Und wo schon viel Stress ist, wird noch mehr Stress die angestrebte Willens-Veränderung sehr brüchig erscheinen lassen. Rückfälle sind garantiert.

Ein zweiter wichtiger Grund ist der, dass wir uns für die Veränderung zu wenig Zeit einräumen und uns von unseren inneren Kritikern treiben lassen. Denn Veränderung braucht Zeit! Und je älter Sie sind, je länger Sie mit Ihrem heute ungeliebten Verhalten schon unterwegs sind, desto mehr Zeit brauchen Sie für eine nachhaltige Veränderung. Gerald Hüther hat das in seinen Büchern ziemlich eindrücklich beschrieben – wie wir lernen und wie wir verlernen. Seien Sie also ein bisschen gnädiger zu sich. Oftmals sind Zeitdruck und Geschwindigkeit eines Ihrer bekannten Bewältigungsmuster. Und der garantierte Weg, keine nachhaltige Veränderung zu schaffen. Dazu später mehr.

Angst vor der Veränderung ist ebenfalls ein Bremsklotz. Offene und unbewusste Angst. Denn das bisher gezeigte Verhalten sind wir gewöhnt. Und was wir gewöhnt sind, das verschafft uns Kontrolle, Sicherheit und Vertrauen. Vertraute Handlungen geben uns das Gefühl von Kompetenz und Selbstbewusstsein. In dem Moment, in dem wir eine Rolle ablegen, sind wir automatisch in einer Krise. Die scheinbare Sicherheit des bisherigen Verhaltens fehlt. Wir haben teilweise das Gefühl, in einer ausweglosen Situation zu sein. Und genau an dieser Stelle liegt unsere Wachstumschance: Wenn wir nicht zurückgehen in die scheinbare Sicherheit unseres alten Verhaltens, sondern behutsam neue Verhaltensweisen suchen.

Ein weiterer Hinderungsgrund kann die fehlende Verankerung im Körper sein. Oder unser Körper leistet Widerstand gegen das, was wir rein mit dem Willen bewerkstelligen wollen. Überhaupt unser Wille. Ich selbst finde Hirn geil. Aber Hirn ist nicht alles. Wir brauchen unseren Körper, um stabil auf dieser Welt unsere Schritte machen und unsere Wege gehen zu können.

Ein positiver Ausblick: Unsere bisherigen Verhaltensweisen sind Anpassungsstrategien auf unsere Umwelt, meistens in der Kindheit entstanden. Und diese erzwungene Anpassung kostet uns Unmengen an Energie, die dann frei wird, wenn wir uns aus dem alten Verhalten lösen und zu einem neuen, entspannteren Verhalten finden. Wir müssen dann sprichwörtlich nicht mehr den Wagen ziehen, vor den uns andere gespannt haben.

WAS BENÖTIGEN SIE, UM SICH NACH-HALTIG ZU VERÄNDERN?

Ich habe Ihnen jetzt zuerst ein paar Gründe vor Augen geführt, warum Veränderungen nicht klappen können. Das war sicherlich nicht nett von mir. Aber manchmal weckt genau das auf. Jetzt gehe ich einen Schritt weiter und versuche Ihnen aus meiner bisherigen, langen Erfahrung als Coach und psychologischer Berater zu erklären, was genau Sie alles benötigen, um sich nachhaltig zu verändern.

Es kann sein, dass ich mich in ein paar Themen und Beispielen wiederholen werde. Bitte sehen Sie mir das nach. Aber das sind dann so elementar wichtige Dinge, dass ich sie nicht oft genug wiederholen kann. Und ein großer Teil meiner Arbeit als psychologischer Berater und Coach besteht auch darin, meine Klienten immer und immer wieder auf diese Dinge hinzuweisen, über die wir im realen Leben oft genug zu schnell hinweggehen.

Achtsamkeit

An erster Stelle steht die Achtsamkeit. Viele Menschen sind zu schnell in ihrem Leben unterwegs. Und haben oft verlernt, auf ihre Körperempfindungen zu hören. Ich vergleiche das gerne mit einem Orchester: Wir hören immer auf die lauten Pauken und Trompeten, haben aber verlernt, dass auch die Harfen ihre absolute Berechtigung im Orchester haben.

Damit wir im Coaching die Erfolge erzielen, die Sie sich wünschen, muss auf der einen Seite die Lebensgeschwindigkeit ein wenig reduziert werden und andererseits die Achtsamkeit auf die Empfindungen des Körpers etwas erhöht werden, damit wir gemeinsam eine Chance haben, Ihnen besser „auf die Schliche" zu kommen.

Das Fatale: Geschwindigkeit erfährt gesellschaftlich absolute Wertschätzung. Langsamer werden im Sinne vermehrter Achtsamkeit bedeutet dann, sich gegen diesen gesellschaftlichen Trend zu stellen und sich deswegen manchmal auch dumme Kommentare anhören zu müssen. Wobei die persönliche Erschöpfung aufgrund der hohen Lebens-Geschwindigkeit mittlerweile zu etwas geworden ist, das man wie eine Auszeichnung mit sich herumträgt. Ebenso habe ich manchmal das Gefühl, dass ein Burn-out vielerorts zum Leben dazugehört. Ohne ihn war man nicht fleißig genug, er genießt in gewissen Kreisen ein hohes Sozialprestige. Leider. Es gibt offenbar eine Art Erschöpfungsstolz in unserer Gesellschaft. Wir zahlen einen hohen Preis, wenn wir versuchen, unsere eigenen Krisen durch Leistungssteigerung und enorme Geschwindigkeitserhöhung abzuwehren. Unsere Seele leidet. Und genau das wird uns manchmal durch unsere Umwelt gelehrt oder zumindest suggeriert. Nach neueren Studien der Krankenkassen in Deutschland werden mittlerweile fast 10 Prozent aller Fehltage wegen Erschöpfungszuständen verursacht.

Das als kleine Vorwarnung und Ermunterung zugleich, bevor Sie sich an Ihre Veränderung, auch und gerade in Ihrer Geschwindigkeit machen. Ich spreche im Zusammenhang mit Achtsamkeit davon, dass wir versuchen sollten, gewisse Automatismen in unserem Verhalten und Erleben besser kennenzulernen. Wenn wir zu schnell unterwegs sind, verselbstständigen sich diese Automatismen – Ihre Handlungsmuster innerhalb Ihrer Komfortzone – und Sie haben kaum eine Chance, wirkungsvoll einzugreifen. Deshalb nicht, weil die für unser unbewusstes Handeln notwendigen Fähigkeiten und Fertigkeiten im impliziten bzw. prozeduralen Gedächtnis verankert sind, auf das wir bewusst keinen Zugriff haben. Wir haben also keine Chance, mit unserem Willen etwas zu steuern, was wir unbewusst tun.

Mir gefällt unter anderem eine Aussage aus der Gestalttherapie zu diesem Thema, die ungefähr sagt, dass wir durch unser Veränderungsbemühen ein Erforschen verhindern und uns damit selbst in der Achtsamkeit behindern. Aus diesem Grund „verschreibe" ich meinen Klienten zu Beginn der Arbeit, dass sie nur beobachten und erforschen, aber nicht verändernd handeln sollen.

Achtsamkeit bzw. reine Aufmerksamkeit beinhaltet auch eine bestimmte Haltung den Erfahrungen gegenüber, die Sie während Ihrem achtsamen Umgang mit sich und Ihrer Umwelt machen:

- **Akzeptanz**: Alles, was sich zeigt und passiert, ist.
- **Nicht-Bewertung**: Es gibt nichts, was Sie mit Gut oder Schlecht bewerten müssen.
- **Kein Denken**: Sie müssen das, was Sie im achtsamen Umgang erfahren, nicht in irgendwelche Konzepte einpassen.
- **Anfängergeist**: Seien Sie ein Anthropologe Ihrer selbst, seien Sie voller Neugier und Interesse.
- **Zulassen**: Erlauben Sie alles, was sich zeigt. Sie müssen nichts vermeiden oder unterdrücken. Alles, was Sie in achtsamen Momenten erleben, ist.
- **Keine Veränderung**: Es geht um achtsames Erforschen und Beobachten, es geht explizit nicht um Veränderung (dazu später noch ein paar Gedanken).

Das unbewusste Handeln ist das, was ich Automatikmodus nenne. Wir haben, um beim Beispiel zu bleiben, den Hammer als effektives Werkzeug kennengelernt. Und sehen plötzlich überall nur noch Nägel. Handeln automatisch. Und bei jedem automatischen Funktionieren sind wir von unseren Bedürfnissen abgekoppelt, weil wir aus einer unbewussten Kompetenz heraus ohne nachzudenken automatisch reagieren. Es gibt keine Wahlmöglichkeiten, sondern nur noch Handeln nach Schema F. In Notfallsituationen ist das unter Umständen sinnvoll, aber nur dann. Und um genau da herauszukommen, ist Achtsamkeit ein Mittel der Wahl.

Was mir **wichtig** ist: Achtsamkeit ist kein Hochleistungssport und sollte so kurz wie nötig und so oft wie möglich in Ihren Alltag eingebaut werden. Damit durch Wiederholungen die Achtsamkeit zu einem gelebten Automatismus in Ihrem Leben werden kann. Und schon dadurch verändern Sie die anderen Lebens-Programme in Ihnen.

Wenn Sie Probleme bei dieser Achtsamkeitsübung haben? Wunderbar! Dann beobachten Sie diese Probleme genau – wann treten sie auf, wie äußern sie sich, in welchen Situationen, Begegnungen usw.? Das sind wichtige Anhaltspunkte für die Veränderungsarbeit. Und es ist noch kein Meister vom Himmel gefallen. Es geht nicht darum, jeden Tag 60 Minuten achtsam zu sein, wenn Sie es bisher nicht waren. Fünf Minuten reichen auch. Alles andere wäre Überforderung, wäre ein Zuviel.

Wie mir eine Kundin berichtete, die an einem achtwöchigen MBSR-Kurs (Mindful-based Stress Reduction) teilnahm: „Jede Woche etwas Neues lernen und das dann täglich 45 Minuten üben. Das überfordert mich!" Fazit von ihr: Sie kam keinen Schritt voran. Die Schritte waren zu groß. So kann ein Anti-Stress-Programm selbst zum Stressor werden.

Achtsamkeit bedeutet letztendlich, seine Antennen vermehrt nach innen zu richten und zu schauen, wo im Körper gerade welche Empfindung, welche Anspannung und – ganz wichtig – welche Entspannung ist: Körpersensationen als Indikatoren für meinen aktuellen Zustand. Eigentlich sind wir es gewohnt, unsere Antennen eher im Außen zu haben als in uns selbst. Dadurch werden wir auch immer mehr von außen bestimmt. Wir werden also mehr gelebt, als dass wir selbst(bestimmt) leben. Das dreht sich durch Achtsamkeit um: Wir beginnen wieder, aus uns selbst heraus zu leben.

Und nochmals: Achtsamkeit bedeutet, nur wahrzunehmen, ohne zu bewerten und zu handeln. Eher im Sinne „Oh, ich hab gerade einen trockenen Hals", wie es ein Forscher tun würde. Eine Bewertung würde schon wieder Anspannung/Verspannung auslösen, deshalb ist es wichtig, eine nichtwertende Neugier zu bewahren.

Und es geht nicht darum, etwas, das in mir hochsteigt, auszuagieren. Das erhöht das ursprüngliche Gefühl nur noch einmal, es wird stärker. Die Tsunami-Warnung wird intensiver. Sondern es geht darum, diese Emotionen im Körper zu halten, sie auszuhalten und bei der reinen Körperempfindung ohne Bewertung zu bleiben. Ich nenne das auch: in der Ambivalenz zu bleiben.

Ein **Beispiel** dazu: Wenn wir Angst bekommen, versuchen wir meistens, so schnell wie möglich aus diesem Zustand herauszukommen. Ein Mittel dabei ist, ärgerlich und abweisend zu werden. Um aber Angst zu überwinden, müssen wir lernen, sie und die darunter liegenden Gefühle auszuhalten. Diese Gefühle gehören zu unserem Leben. Wir können nicht ewig vor ihnen weglaufen. Wenn wir uns erlauben, ambivalent zu bleiben, stellen wir fest, dass wir nicht unsere Angst sind, sondern dass sie verfliegt.

Die meisten unserer Geisteszustände sind nur von kurzer Natur. Sie entstehen aus unseren Gewohnheiten heraus und verschwinden auch wieder, wenn man sie nicht unterdrückt. Es geht hier darum, zu erkennen, zu akzeptieren und zu erforschen und sie nicht persönlich zu nehmen. Dann gehen sie vorüber und wir haben die Chance zu Wachstum.

Beobachten Sie sich, wenn Sie genau mit dieser nicht wertenden und neugierigen Achtsamkeit durch die Welt laufen. Und beobachten Sie achtsam, was sich verändert.

Sie werden es mal einfacher und mal schwerer mit Ihrer Achtsamkeit haben. Das liegt in der Natur der Sache und wir veranstalten keine Achtsamkeits-Olympiade. Einfach nur wahrnehmen – es gibt weiter nichts zu tun. Ziel ist es, sich und seine eigenen Zustände immer schneller und immer genauer zu bemerken, damit Sie den Hauch einer Chance der Veränderung haben. Denn ohne Achtsamkeit ist Veränderung oftmals so, als ob Sie bei Tempo 250 aus einem ICE springen müssten.

■ Autopilot

Um überleben zu können, müssen wir alltägliche Handlungen, die wir immer und immer wieder ausführen müssen, ohne nachzudenken ablaufen lassen. Wenn wir das nicht tun könnten, wären wir permanent in einem Zustand der Überforderung und Verwirrung. Ich nenne das „Leben im Autopilot-Modus". Er ist, denke ich, eine Schutzfunktion vor Überforderung, hat also eine gute und wohltuende Funktion für uns. Er gilt allerdings auch für die Verhaltensweisen, die Sie für sich als nicht mehr wünschenswert definiert haben. Und da fängt dann die Herausforderung an.

Sie erinnern sich? Je öfter Sie ein Verhalten ausführen, desto automatischer läuft es ab. Desto ausgeprägter ist dieser Verhaltens-Muskel. Um in eine Veränderung zu gehen, also den Autopilot-Muskel zu schwächen und einen anderen zu stärken, müssen wir erst den Autopiloten überlisten. Das hat unter anderem mit zwei Faktoren zu tun: Achtsamkeit und Geschwindigkeit.

Je langsamer ich werde, desto größer ist die Wahrscheinlichkeit, dass ich die Autopilot-Handlungen entdecken kann. Auch das kennen Sie aus Ihrem täglichen Leben: Wenn Sie mit Tempo 200 auf der Autobahn unterwegs sind, wird Ihr Blickfeld automatisch enger und fokussierter. Von der Landschaft links und rechts bekommen Sie nicht mehr viel mit. Doch wie schaut es mit Tempo 150 aus oder mit Tempo 100?

Sie sehen, ein erster Schritt immer wieder aus dem Autopiloten auszusteigen, ist, seine eigene Erlebensgeschwindigkeit zu verringern. Damit Sie die Zeit haben, sich zu orientieren, umzuschauen und Ihr Verhalten und Ihre Autopilot-Reaktionen zu betrachten. Um dann vielleicht stehen zu bleiben und aus dem sicheren Stand zu entscheiden, ob Sie den Autopiloten wieder in Gang setzen oder eben ein anderes Verhalten zeigen wollen. Von Moment zu Moment, von Augenblick zu Augenblick. Das nenne ich dann: Achtsamkeit bei reduzierter Lebens-Geschwindigkeit.

Muster erkennen

Am Anfang einer Veränderung steht auch das Erkennen der eigenen Muster. Oftmals sind die uns selbst gar nicht richtig bewusst. Weil früh erlernte Verhaltensweisen als „unbewusste Kompetenz" durch unseren eigenen Autopiloten geregelt werden. Am Anfang des Veränderungsprozesses steht das Erkennen der eigenen Muster, nach dem Motto „Immer wenn X, dann reagiere ich Y". Suchen Sie den roten Faden in Ihren Verhaltensweisen und verschiedenen Lebenssituationen.

Das können Handlungssequenzen sein, aber auch Gedanken, Körpersensationen oder seelische Verstimmungen, die immer wieder auftreten und Sie in Ihrer vollen Entfaltung behindern. Um Ihnen ein paar **Beispiele** zu geben:

- Immer wenn ich vor einer größeren Gruppe Menschen reden muss, dann fängt meine Stimme zu zittern an oder ich muss mich immer wieder räuspern.
- Immer, wenn ich es mit großen und massigen Männern zu tun habe, dann neige ich dazu, zu erstarren und zu verstummen.
- Immer wenn ich um etwas gebeten werde, muss ich es tun, auch wenn ich keine Lust dazu habe.

- Ich traue mich nicht, Nein zu sagen, obwohl ich es denke.
- Immer muss ich alles drei bis vier Mal kontrollieren.
- Immer wenn ich gestresst bin, werde ich zynisch, sarkastisch und ich fühle eine immense Wut im Bauch.
- Immer wenn meine Partnerin etwas von mir will, werde ich ganz starr und schweigsam und ziehe mich innerlich zurück.

Diese Muster können sowohl körperliche als auch geistige Muster, wie zum Beispiel wiederkehrende Gedanken, sein. Bei geistigen Mustern hilft die Einsicht, dass Gedanken keine Tatsachen sind. Es sind einfach nur Gedanken. Und wie heißt es in der buddhistischen Philosophie: Gedanken sind ein guter Diener, aber ein schlechter Herr. An diesem Satz ist wahrlich etwas dran.

Ich kann es nicht oft genug wiederholen: Hilfreich ist es, für das Erkennen der Muster etwas langsamer und bewusster zu werden. Dazu kann Ihnen Achtsamkeit im Alltag helfen. Zur Achtsamkeit im Alltag habe ich Ihnen im Erste-Hilfe-Koffer ein paar Übungen zusammengestellt. Ebenso hilfreich ist es, sein nahes Umfeld zu fragen, welche Muster an mir auffallen.

Es geht nicht darum, im ersten Schritt etwas zu ändern. Das ist erst der übernächste Schritt der Veränderung. Es geht erst einmal darum, die Muster zu bemerken und zu erkennen. Oft hilft dabei ein Muster-Tagebuch, in das man seine Erkenntnisse aufschreibt. Das entlastet das Hirn ungemein. Nebenbei bekommen Sie so eine kleine, feine Sammlung Ihrer inneren Erlebenswelt.

Es geht also darum, zunächst die Dinge – fachsprachlich Trigger genannt – aufzuspüren, die Ihr ungeliebtes Verhalten immer wieder in Gang setzen und in Gang halten. Ich spreche in diesem Zusammenhang von „unbewusster Kompetenz", mit der wir unser Leben bewältigen. Diese unbewusste Kompetenz gilt es auf vielen Ebenen zu entdecken. Nur zu entdecken. Nichts weiter. Neugierig zu sein, sich selbst zu beobachten, seine eigene Landkarte kennenzulernen. Wie ein Anthropologe es tun würde, der nur beobachtet und mitlebt – anstatt einzugreifen und zu handeln.

Es geht nur um das Beobachten. Vielleicht spüren Sie den Widerstand, der in Ihnen ist, auch wenn Sie nur beobachten. Zwingen Sie sich nicht, gegen den Widerstand zu kämpfen. Beobachten Sie nur. Es reicht oft, etwas nur zu bemerken, was Sie vielleicht vorher noch nicht bemerkt haben. Und tun Sie nichts, was zusätzlich Kraft kostet. Sie brauchen vielfach erst einmal mehr Kapazität, um die nächsten Schritte zu gehen.

Spüren und unser Spürsinn

Wir leben in einer Zeit, in der Geschwindigkeit und Kognition eine große Wertschätzung erfahren. Wer schnell denkt, schnell erfasst und noch schneller handelt, ist der Hecht im Karpfenteich. Dennoch ist unser Gehirn nur ein Teil unseres Körpers, das mal schnell funktioniert, mal weniger schnell.

Es gibt noch ein anderes, kraftvolles Erkennungssystem in unserem Körper – unseren Spürsinn, unseren Bauch oder limbisches System, das mit einer sehr großen Geschwindigkeit Informationen in Richtung Hirn weiterleitet, damit diese dort verarbeitet werden. Über 80 Prozent aller Informationen werden von unten nach oben geliefert, die restlichen 20 Prozent laufen vom Hirn in Richtung Körper.

Durch die Überbetonung des Intellekts haben wir oft verlernt, auf die Signale aus diesen Regionen zu hören. Oder diese Signale wurden als so überwältigend und bedrohlich empfunden, dass wir sie gar nicht wahrnehmen wollen und sie deshalb abschalten. Und dadurch ein wahnsinnig großes Potential nicht nutzen.

Um wieder zu unserem Spürsinn zurückzukommen, müssen wir langsamer werden und achtsamer auf unseren Körper hören. Das wird am Anfang vielleicht schwierig werden, weil durch diese Beachtung auch unerwünschte und deshalb lange unterdrückte Empfindungen und Emotionen freigesetzt werden. Weil wir vor diesen unbewusst und bewusst Angst haben, hatten wir ja unser Interesse an und unseren Zugang zu unserer Körperwahrnehmung verloren.

Deshalb ist es gut, immer wieder an seinen Körper anzudocken. Als erwachsener Mensch, der sein Leben bisher gut gemeistert hat. Als erwachsener Mensch, der trotz vielleicht widriger Umstände erwachsen geworden ist und den auch die kleinen und großen Katastrophen des Alltags nicht daran gehindert haben.

Genau aus dieser Position heraus kann ich immer wieder auf die Reise zu unbekannten und vielleicht gefährlichen Körpergefilden gehen. Immer im Bewusstsein, dass ich erwachsen und voll handlungsfähig bin.

Allerdings gibt es auch folgendes Phänomen: Wenn ich mich auf eine verlangsamte Geschwindigkeit einlasse und mehr spüre, dann spüre ich meistens auch meine Beschwerden mehr. Genau die, die ich bisher über meine Geschwindigkeit gut weggedrückt habe. Deshalb ist es für viele Menschen angenehmer, bei ihrer bisherigen Geschwindigkeit zu bleiben. Sie meinen dadurch, Leiden zu vermeiden. Langfristig keine gute Strategie. Nur durch gezieltes Spüren helfen Sie mittel- und langfristig Ihrem Nervensystem, wieder auf eine lebenswertere Geschwindigkeit und Erlebenswelt zu kommen. Das schafft letztendlich Wohlbefinden. Meine Erfahrung: Nach einer gewissen Zeit des Spürens werden die anfänglichen Beschwerden weniger und weniger. Der Körper mit all seinen Symptomen wird dann wieder sicherer und ruhiger wahrgenommen.

Orientierung

Wir Menschen sind Multitasking-orientiert und Geschwindig-
keitsfanatiker. Viele Dinge gleichzeitig erledigen, an viele Dinge
denken und immer mit dem Fuß auf dem Gaspedal des Lebens.
Absolut gesellschaftlich anerkannt und gewertschätzt. Und je
schneller wir werden, desto fokussierter werden wir auch in
dem, was wir gerade tun. Wir schauen dann nur nach vorne, keinesfalls nach links und rechts.

Alles andere wird abgeschaltet und weggeblendet, weil es in diesem Moment weder notwendig noch sinnvoll ist.

Wenn wir langsamer werden, wird unser Blickfeld weiter und
wir entspannen uns. Dadurch bekommen wir auch wieder mehr
Dinge links und rechts mit. Wir haben also die Chance, mehr von
unserer Umwelt zu entdecken.

Was hat das mit Orientierung zu tun?

Viel – je mehr wir uns die Zeit nehmen, nach links und rechts zu
schauen, uns also im Raum zu orientieren, desto mehr nehmen
wir wahr und desto sicherer fühlen wir uns. Weil wir orientiert
sind. Orientierung schafft Kontrolle und Sicherheit!

Ein **Beispiel**: Ich stelle immer wieder fest, dass die wenigsten
Menschen, wenn sie neu in einen Raum kommen, sich die Zeit
nehmen, in Ruhe einen Platz auszusuchen und sich ausgiebig
umzuschauen, wo sie gelandet sind, was es alles zu entdecken
gibt, ob sie gut sitzen oder ob sie zum Wohlfühlen etwas brauchen. Denn – das kostet Zeit. Und ist, so ein geläufiger Glau-
benssatz, unhöflich, weil die anderen Menschen im Raum dann
auf einen warten müssen. Außerdem könnten dann ja „die Vögel
im offenen Mund ein Nest bauen", wenn man das nicht schnell
erledigt hat.

Wir wurden in unserer Jugend für diese langsame Orientierung viel zu oft beschämt von unserer Umwelt, die sich auf unsere Kosten amüsierte, wenn wir uns Zeit ließen. Aber heute, heute sind wir erwachsen. Und könnten uns die Zeit nehmen, überall dort, wo wir hinkommen, auch anzukommen. Erst einmal zu gucken, uns umzuschauen und zu orientieren. Und erst dann wieder den Fuß aufs Gaspedal zu setzen. Vielleicht erlauben Sie es sich, immer mal wieder, von Zeit zu Zeit, sich an Ihre Orientierung zu erinnern und sich ein wenig umzuschauen. Vielleicht bemerken Sie einen Unterschied in Ihrem Erleben.

Ein weiteres **Beispiel**: Wenn mein Hund an einen fremden Ort kommt, dann bewegt er sich erst einmal orientierend durch den Raum. Da Hunde ihr Riechsystem besser ausgebildet haben als ihre Augen, benutzt er dazu seine Nase. Und wenn er genug geschnüffelt hat, dann legt er sich beruhigt auf seinen zugewiesenen Platz. Bei uns Menschen sind es meistens eher die Augen, die sich orientieren wollen. Nehmen Sie sich die Zeit und beruhigen Sie sich dadurch schon ein wenig.

Und manchmal werden dadurch unsere Schritte kleiner. Bevor wir dann wieder stehen bleiben, uns orientieren. Die Empfindungen anschauen, die vielleicht auftauchen. Sie erleben und begutachten. Um dann die nächsten kleinen Schritte zu machen.

▪ Warum wir unseren Körper für die Veränderung brauchen?

Verankerung im Körper heißt ein weiteres Stichwort. Eine meiner zentralen Hypothesen ist, dass wir ohne unseren Körper keine nachhaltige Veränderung in unserem Verhalten schaffen. Nur der Wille oder das, was manche als Ego bezeichnen, reicht meistens nicht aus. Ein **Beispiel**: Wenn Sie eine Veränderung möchten, weil Ihnen etwas an Ihnen nicht gefällt, Sie aber trotzdem keinen Schritt in Richtung diese Veränderung weiterkommen, dann kann das mit einer fehlenden Verankerung im Körper zu tun haben: Ihnen fehlt sprichwörtlich die Verbindung zu Ihren Beinen, zu Ihren Füßen, um diese Schritte auch tun zu können.

Der Körper und die Verkörperung sind für mich die großen Ressourcen, um eine kognitiv angestrebte Veränderung zu unterstützen. Ich selbst arbeite während meiner Coachings mit Körperwahrnehmung, Achtsamkeit und den kleinen, aber wirksamen Übungen für ein besseres Standing in den Situationen, in denen das Leben etwas stürmischer wird, neben all dem kognitiven Verstehen und Erklären, das selbstverständlich auch zu einem Coachingprozess gehört, weil ich davon überzeugt bin, dass ohne unseren Körper sprichwörtlich nichts geht.

Viele der Übungen dazu – auch wenn sie sich sehr banal anhören – können Sie in meinem Erste-Hilfe-Koffer nachlesen.

Und deshalb kann es in vielen Fällen sinnvoll sein, sich neben der Arbeit an dem Erkennen der eigenen Muster, dem „sich bewusst werden, was da warum in einem wirkt", auch zusätzlich körperlich unterstützen zu lassen, durch Menschen, die direkt und manuell mit dem Körper arbeiten – ich spreche von Körpertherapie. Damit helfen Sie Ihrem Körper, immer mehr bei sich anzukommen und immer mehr seine eigenen Ressourcen zu nutzen, die Ihnen auch in stressigen Situationen weiterhelfen.

Ich erlebe es immer öfter, dass gerade das parallele Arbeiten – Körpertherapie und Coaching – die größten Erfolge mit sich bringt.

Verletzbarkeit/Verletzlichkeit/Vulnerabilität

Etwas, das wir meiden, ist unsere Verletzlichkeit. Wir wollen nicht (mehr) verletzt, beschämt und ausgelacht werden. Das ist auf der einen Seite verständlich, behindert uns aber andererseits als Erwachsene in unserer Veränderung. Weil wir uns deshalb abpanzern, vor allem unseren Körper, in dem diese Verwundbarkeit sitzt. Wir überbetonen stattdessen unseren Intellekt, der kann ja schließlich nicht verletzt werden. Der Preis, den wir dafür bezahlen, ist, dass wir in vielen Fällen sprichwörtlich unser Herz nicht mehr aufbekommen. Dass wir, weil wir keine Trauer mehr spüren möchten, um den Preis auch keine richtige Freude mehr spüren können.

Kurzer **Exkurs**: Emotionen gibt es nur am Stück, als Gesamtheit. Wenn Sie beispielsweise Ihre Trauer in sich wegschließen, dann werden Sie auch Probleme haben, tiefe Freude zu empfinden. Entweder Sie lassen alle Emotionen in der gesamten Empfindungsbandbreite zu oder Sie werden nur limitierten Zugang zu ihnen bekommen. Diese „Tragik" ist vielen Menschen nicht bekannt.

Ein Weg also, um wieder Zugang zu unseren Empfindungen zu bekommen, ist der, unsere Verletzlichkeit und Verwundbarkeit wieder mehr zuzulassen. Und – wer kann uns als erwachsene Menschen wirklich verletzen, wenn wir es ihm nicht erlauben?

„Veränderung findet über das Zulassen der eigenen Verletzlichkeit statt" habe ich bei der Autorin Brené Brown in „Verletzlichkeit macht stark" gelesen. Verletzlichkeit bedeutet, dass ich im Spürkontakt mit mir bin. Dass ich mich berühren und letztlich auch verletzen lasse. Nun aber ist „sich verletzen lassen" so ziemlich das Letzte, was wir uns als erwachsene Menschen antun wollen. Aus gutem Grund – wir sind meistens schon so oft in unserem Leben verletzt worden. Vielleicht gerade in unserer Kindheit.

Und trotzdem brauchen wir die eigene Verletzlichkeit, um zu spüren, was uns guttut und was nicht. Um unsere Grenzen zu spüren im Sinne von: „Bis hierhin und nicht weiter." – „Autsch, ab hier tut es weh, bis gerade tat es noch nicht weh." Was wir bei unserem ganzen Schutzbedürfnis immer wieder vergessen – wir sind heute erwachsen und können uns wehren. Im Gegensatz zu damals, als wir Kinder waren und uns nicht wehren konnten und durften. Und vielleicht denken Sie an diesen kleinen Unterschied, wenn Sie das nächste Mal verletzt werden – Sie können sich heute wehren und brauchen diese Verletzlichkeit, um ständig weiterwachsen zu können.

Eine wirksame Methode, um seine Verletzlichkeit besser kennenzulernen, ist die, immer präsenter zu werden und immer mehr in der Gegenwart zu leben. Nur dann haben wir die Chance, sowohl unsere Grenzen als auch die Grenzüberschreitungen zu bemerken. Dazu brauchen wir ein geringeres Lebens-Tempo und die Bereitschaft, die eigene Verletzlichkeit auszuloten. Und was wir dazu noch benötigen, ist unser innerer Erwachsener.

Der innere Erwachsene ist die Instanz bzw. der Teil in uns, der tatsächlich erwachsen geworden ist. Oftmals ist der nicht so präsent, meistens dann nicht, wenn auf einmal Erfahrungen aus der Vergangenheit hochkommen, die die kindlichen Anteile unserer Persönlichkeit geängstigt oder verletzt haben. Die rumoren dann in uns. Bis wir uns an unser tatsächliches Alter erinnern, präsenter werden und wieder die Verantwortung für unser Leben übernehmen.

Ein weiterer, schöner Nebeneffekt – je mehr wir unsere eigene Verletzlichkeit zulassen, desto mehr nehmen wir auch die Verletzlichkeit unserer Mitmenschen wahr, ein Mehr an Empathie kann so entstehen. Und Empathie ist nicht nur für Paare wichtig.

Geschwindigkeit

Ein beliebtes Mittel, um sich vor Veränderungen zu schützen, ist die eigene Geschwindigkeit. Geschwindigkeit ist der Hype unserer Zeit. Höher, schneller, weiter und vor allem – schneller. Meine Hypothese: Je mehr Gas ich gebe, desto mehr Angst habe ich vor dem, was ich durch Geschwindigkeit überwinden möchte.

Vielleicht erinnern Sie sich an eine Szene aus Ihrer Kindheit, in der man Sie aufforderte, irgendetwas aus dem unheimlichen Keller oder vom Speicher zu holen. Sie konnten nicht „Nein" sagen und gingen die Aufgabe an. Wie? In den meisten Fällen hatten Sie ein sehr hohes Tempo drauf und meistens noch ein Pfeifen oder lautes Lied auf den Lippen.

Geschwindigkeit im Erleben ist ein guter Bewältigungsmechanismus bei Angst. Und was heißt das nun im Veränderungsprozess? Immer dann, wenn Sie bei sich bemerken, dass Sie schneller in Ihrem Erleben werden, sind Sie mitten in Ihrer Geschwindigkeitsfalle. Eine mögliche Lösung – das Spiel mit Gas und Bremse nochmals neu lernen. Also bewusst zu lernen, wie man in seinem Leben sprichwörtlich Gas gibt und vor allem auch auf die Bremse tritt.

Also Tempo runter. Vielleicht, indem Sie stehen bleiben, sich kurz auf Ihre Füße auf dem Boden konzentrieren. Oder sich kurz umschauen und reorientieren, durchschnaufen und dann schauen, was Sie aus dieser – abgebremsten – Position als weiterer Schritt machen wollen. Lassen Sie sich vom Ergebnis überraschen.

Oftmals erlebe ich, dass angestrebte Veränderungen meinen Kunden viel zu langsam gehen. Viele Menschen erwarten von sich selbst, dass die eigene Veränderung mit einem Fingerschnippen vollzogen wird. Und viele sind dann enttäuscht, wenn sich das nicht so einfach bewerkstelligen lässt. Sofern sich die Veränderung nicht nur auf der reinen Verhaltensebene vollziehen– im

Sinne eines „Quick fix" – sondern etwas tiefer und nachhaltiger geschehen soll.

Vielleicht eine kurze **Erläuterung**: Eine Veränderung auf der Verhaltensebene kann nur mit einer willentlichen und bewussten Handlung geschehen. Das hat auch mit einer großen willentlichen Kraftanstrengung zu tun. Manchmal haben wir gerade nicht mehr so viel Kraft über, obwohl wir wissen, dass wir uns verändern sollten. Mehr dazu im Absatz über Kapazität. Mir geht es mit meinen Coachings mehr um die unbewussten Verhaltensweisen, die wesentlich tiefer verankert sind. Wenn ich diese ändere, dann strengen mich meine Veränderung und mein Verhalten nicht mehr an, weil es dann automatisch läuft.

Veränderung findet auch nur dann statt, wenn alle Teile des Systems miteinbezogen werden und sich nicht gegenseitig sabotieren, als widerstreitende Persönlichkeitsanteile. Und diese Veränderung auf einer tieferen Ebene braucht Zeit. Erhöhte Geschwindigkeit ist dabei kontraproduktiv. Weil wir uns je schneller wir unterwegs sind genau in jenen unbewussten Lebens-Mustern befinden, die uns ein bewusstes Steuern unserer Handlungen unmöglich machen.

Aber das bewusste Wahrnehmen des eigenen Handelns ist der erste Schritt zu einer möglichen tiefgreifenden Veränderung nach dem Motto: Altes Verhalten erkennen, altes Verhalten durch neue Impulse modifizieren und mit neuem Verhalten weiterleben. Meine Hypothese: Weniger Tempo kann sehr hilfreich sein, wenn es um persönliche Veränderung geht. Dieses langsamere Tempo geht mit kleinen Schritten einher, damit wir mit allen Zellen unseres Körpers und unseres Gehirns diese Veränderung auch wahrnehmen können. Manchmal reicht es aus, ab und an einmal im Laufe eines Tages stehen zu bleiben und sich selbst zu sortieren: Folge ich meinem Muster (Automatikmodus), will ich das oder will ich etwas anderes?

So lernt Ihr System nach und nach neue Verhaltensweisen. Langsam, aber nachhaltig und wirksam.

Mein bereits bekanntes **Beispiel**: Wenn wir davon ausgehen, dass wir für eine Veränderung auch vermehrte Wahrnehmung benötigen, dann ist eine hohe Lebens-Geschwindigkeit so, als wenn wir mit 200 auf der Autobahn unterwegs sind. Ergebnis – wir sind hoch konzentriert und unsere Wahrnehmung ist stark eingeschränkt. Wir nehmen nur noch das Überlebensnotwendige um uns herum wahr. Und wie sieht es mit Tempo 100 aus? Unsere Wahrnehmung wird weiter, das Blickfeld breiter und wir bemerken unsere Umwelt wieder intensiver. Und genau darum geht es auch bei Veränderungsprozessen.

▪ Wenn der Gedanke und die Tat auf einer Stufe stehen

Noch einmal etwas zur Geschwindigkeit: Sehr oft erlebe ich es, dass veränderungswillige Menschen ihre Veränderungsgedanken sofort in die Tat umsetzen wollen. Oder ihre Gedanken sofort bewerten, einer Machbarkeitsprüfung unterziehen und Hochrechnungen anstellen, mit welchen Lösungskomponenten sie in einer ähnlichen Situation schon Erfolge hatten. Dann stehen für mich die Gedanken mit der Tat auf einer Stufe.

Das heißt, in dem Moment, in dem sie an etwas denken, wollen sie sofort handeln. Anstatt den Gedanken einfach da sein zu lassen. Wie einen guten Rotwein eine Weile im Mund zu behalten, bis alle Geschmacksknospen etwas davon hatten, und ihn erst dann zu schlucken. Das bedeutet in meinem Beispiel, dass Sie den Gedanken da sein lassen, ihn eine Weile mit sich herumtragen und erst dann entscheiden, ob Sie ihn in die Tat umsetzen oder noch eine Weile mit sich herumtragen möchten. Das ist Entschleunigung.

Manchmal braucht es eben eine Weile, um seine Gedanken zu sammeln, sie liegen zu lassen, sich an sie zu gewöhnen und nicht sofort in Aktion zu treten. Weil die Aktion schon ein zu großer Schritt wäre. Denn um überhaupt in eine Veränderung gehen zu können, benötigen Sie ein Stück weit innere Entspannung und freie Energie-Kapazität.

Auch hier eine **Anregung**: Es geht nur um das Beobachten und Träumen. Vielleicht auch um das Aufschreiben. Es geht nicht um Bewertung und Überprüfung der Realisierung. Und schon gar nicht um Handlung.

In dem Moment, indem Sie sich bewusst von Ihrer Handlungs-orientierung verabschieden, werden Sie automatisch langsamer. Sie nehmen Tempo heraus und kommen in eine Geschwindigkeit, die Ihnen mehr Luft zum Atmen verschafft. Halten Sie also Ihren gut trainierten Tun-Muskel im Zaum, auch wenn die ewigen Macher von unserer Gesellschaft so gewertschätzt werden. In den wenigstens Fällen geht es um das gewohnheitsmäßige Tun, sondern um das bewusste Tun. Und um bewusst tun zu können, müssen Sie langsamer werden und brauchen Zeit für Beobachtung und Überlegung.

Kleine Schritte

Viele Veränderungen finden deshalb nicht statt, weil die gewählten Handlungsschritte zu groß waren. Aus diesem Grund rate ich meinen Coachingklienten zu folgendem Vorgehen:

1. **Erkenntnisphase** – ohne etwas zu tun (siehe auch Gedanke & Tat).
2. **Bemerkenphase** – das Erkennen wird immer automatischer und feiner.
3. **Entscheidungsphase** – wenn ich im Erkennen meiner Muster immer feiner geworden bin, dann kann ich irgendwann stehen bleiben und ganz bewusst entscheiden, wie ich handeln möchte.

Ich weiß aus vielen Coachings, dass wir Menschen dazu neigen, uns ganz schnell verändern zu wollen: Gefahr erkannt, Gefahr gebannt. Nur – das klappt oft nicht und führt zu Frustrationen. Und diese Frustrationen lassen uns dann wieder stehen bleiben und die geplante Veränderung abbrechen.

Seien Sie deshalb nachsichtig zu sich. Ihre Muster sind schon sehr alt und was sind schon 6 weitere Monate angesichts Ihres Lebensalters? Eben. Gestehen Sie sich so kleine Schritte in Ihrer Veränderung zu, dass sich neues Verhalten problemlos in Ihren Alltag integrieren lässt.

Viele Menschen versuchen, in kurzer Zeit sehr viel in ihrem Leben zu verändern. Und scheitern meistens. Ich selbst bevorzuge meine Einbaustellen-Theorie. Will sagen: Ich nehme mir immer nur eine Lebens-Baustelle zu einer Zeit vor. Kein Multitasking, kein Hin-und-her-Hopsen. Sondern priorisieren – was ist gerade das, was mich am meisten behindert, was mir am meisten wehtut. Und genau da greife ich an. Das ist meine Prio 1 und auch die einzige Priorität in diesem Augenblick. Oder ich schaue darauf, was denn der rote Faden in meinem Herausforderungsfeld ist. Und arbeite dann mit dem roten Faden. Das hat nach meiner Erfahrung die größte Hebelwirkung. Und mache dann einen Schritt nach dem anderen. Und wenn ich Schritt schreibe, dann meine ich auch Schritt – normale Schritte, kein Dauerlauf und kein Sprint. Normale Schrittgeschwindigkeit.

Ein weiteres **Beispiel** aus dem Sport: Wenn ich mir vornehme, sportlicher zu werden, und ich mir ein regelmäßiges Joggen verordnet habe, dann könnte es hinderlich sein, mich sofort auf einen Marathon zu konzentrieren. Der braucht nämlich mehr Zeit und dieses Mehr an Zeit kann im Alltag nicht vorhanden sein. Zum Beispiel dann, wenn Sie einen langen Arbeitstag hatten und jetzt abends weder Zeit noch Lust haben, für 60 Minuten zu laufen. Eine wohltuende Alternative ist, öfter und weniger lang zu laufen.

Ich selbst habe mein Pensum umgestellt und gehe jeden zweiten Tag mit meinen Hunden für 5–7 Kilometer joggen, anstatt mich zwei Mal die Woche für 10–14 Kilometer aufzuraffen. Diese 5–7 Kilometer benötigen zwischen 30 und 40 Minuten Zeit und entsprechen den normalen Hundespaziergängen. Ich habe also meinen Aufwand verringert und mit dem Ergebnis von rund 1000 Laufkilometern pro Jahr mein Ziel dennoch erreicht.

Und genau diese kleinen Schritte können Sie für jede Verhaltensänderung finden. Erlauben Sie sich, Ihr eigenes Tempo zu finden, anstatt auf das Tempo der anderen Menschen zu schauen. Es geht nur um Ihr eigenes Tempo.

Widerstand bedeutet,
der letzte Schritt war zu groß

Auch Ihr Widerstand ist ein nützlicher Helfer. Jeder Widerstand gegen irgendetwas in unserem Leben schützt uns und ergibt Sinn – so meine positive Annahme. Das bedeutet, dass wenn Sie in Ihrem Veränderungsprozess auf Widerstand treffen, irgendein Schritt zu groß war oder irgendetwas Wichtiges übersehen wurde. Oder dass die gewählte Geschwindigkeit zu hoch ist.

Und Widerstand hat auch damit zu tun, dass wir in ihm oft unsere eigene Begrenzung spüren. Sprichwörtlich an unserer Grenze angekommen sind und nun sperrt sich etwas in uns und will nicht weiter.

Und dann hilft nur eines: Stehen bleiben, durchschnaufen, sich sortieren, einen Gang runterschalten und einen Schritt zurück machen. Dahin, wo noch alles in Ordnung war, und dann ganz langsam wieder nach vorne gehen. Bis hin zu dieser Nahtstelle „Alles in Ordnung/Widerstand". Um auch dort stehen zu bleiben und zu schauen, was genau an diesem Punkt an Information/Kontrolle/Sicherheit benötigt wird, damit es über diesen Punkt hinaus weitergehen kann.

Beispiel: Widerstand können auch die kleinen Gefühle der Angst, des Unwohlseins, der Müdigkeit usw. sein. Immer wenn Sie spüren, dass sich etwas in Ihnen sträubt, dann ist es Widerstand. Und der kann durchaus auch still und leise sein. Immer wenn Sie merken, dass es nicht weitergeht, dann ist Widerstand am Werk.

Kapazität für Veränderung

Wenn ich Dinge mache, die ich nicht mehr mag und die mir schaden, dann wird dieses Verhalten irgendwann einmal Sinn in meinem Leben gehabt haben. Sonst würde ich dieses Verhalten nicht zeigen. Um mich zu verändern, brauche ich dann Zeit und Bereitschaft dazu. Das habe ich an anderer Stelle schon geschrieben. Was ich ebenfalls dringend dafür benötige, ist freie Kapazität oder Raum für die Veränderung.

Beispiel: Wenn ich heute schon mit meiner maximalen Kapazität unterwegs bin, also meine Tage bis zum Letzten durchgetaktet sind, dann habe ich kaum noch Kapazität mehr für mich. Und auch nicht für Veränderung. Genau dann geht es erst einmal darum, in kleinen Schritten etwas Druck aus dem System zu nehmen. Damit ich wieder Luft bekomme, durchschnaufen und stehen bleiben kann. Erst dann habe ich etwas mehr Kapazität für Veränderung. Wenn ich beim o. g. Beispiel versuche, eine Verhaltensänderung obenauf zu packen, dann schieße ich mich damit in die absolute Überforderung. Das kostet zusätzlich Energie und wird meistens nicht lange durchgehalten – kann auch nicht durchgehalten werden.

 Deshalb mein Rat: Wenn Sie heute schon „Unterkante Oberlippe" unterwegs sind, dann sollten Sie sich vor einer Veränderung Zeit nehmen, den Stresspegel etwas zu senken. Damit Sie genügend Kapazität für das haben, was ansteht: Ihre Veränderung.

Beispiele: Ich möchte Sie nicht in die große Ruhe und Entspannung schicken. Das würde Sie überfordern, wenn Sie gerade eh nicht mehr wissen, wo Ihnen der Kopf steht. Ich spreche von den kleinen Dingen. Um ein voriges Beispiel noch einmal in Erinnerung zu rufen: Wenn ich z. B. auf Reisen bin, dann habe ich mir angewöhnt, nach einem Termin, anstatt sofort ins Taxi zu steigen, mir ein kleines Café zu suchen und einen Tee oder Espresso zu trinken. Und die Seele baumeln zu lassen. Das bringt Ruhe rein. Oder das Mittagessen vor dem PC ausfallen zu lassen und mich stattdessen auf das Essen zu konzentrieren. Vielleicht mit netten Kollegen zusammen. Oder die Zigarillopause dazu zu nutzen, mich gemütlich hinzusetzen, Löcher in die Luft zu starren und nichts zu tun außer zu rauchen. Sie verstehen: Es geht um die kleinen Entspannungsmomente in Ihrem Alltag. Und zwar die, die Sie problemlos einbauen können, ohne dass es Sie Extrazeit und Aufwand kostet. Das bringt Kapazität = freie Zeit, Entspannung in Ihr Leben.

Zeit

Viele versuchen eine Veränderung wie ein Wissenschaftler anzugehen – sie springen von einer Versuchsanordnung zur nächsten. Immer am Tun, immer am Modifizieren. Geben sich selbst zu wenig Zeit und treiben sich immer an. Anstatt sich in einen Anthropologen zu verwandeln, der zuerst einmal nur beobachtet und miterlebt – ohne zu tun. Für viele Veränderungswillige ein ungehöriger Gedanke – nichts tun? Aber gerade hier in der Ruhe und in der selbst genehmigten Zeit liegt die große Kraft. Sich und sein Verhalten zu beobachten, zu schauen, wie man sprichwörtlich in verschiedenen Lebenssituationen tickt, sich immer wieder selbst zu ertappen und zu entdecken.

Misstrauen Sie grundsätzlich den Versprechungen, dass über bestimmte Methoden und Verfahren eine Veränderung blitzschnell passieren kann. Oder dass andere Menschen dafür sorgen können, dass Sie sich verändern. Veränderungsarbeit ist eine sehr persönliche Angelegenheit, die Zeit braucht und nur durch Sie geschehen kann.

Ein positives Verhalten, das Sie vielleicht in 30 Jahren Anwendungserfahrung zur Perfektion gebracht haben, braucht seine Veränderungszeit und diese sollten Sie ihm auch geben. Es müssen durch immer wiederkehrende Wiederholungen neue Reaktionsbahnen und Verbindungen geschaffen werden. Es gibt also keine Fee mit dem Zauberstab, die Sie erlöst – sondern Veränderungsarbeit durch Sie selbst, vielleicht mit ein wenig Hilfe von außen.

Sich Zeit dafür zu nehmen und sich das zu erlauben macht innerlich friedlicher. Es existiert kein Muss und auch kein Zwang, Stress geht raus und etwas mehr Energie kommt dafür in das System hinein. Energie, die Sie für Ihre Veränderung dringend benötigen.

Kontinuität

Wer Kraft und/oder Ausdauer trainiert, der kennt den Effekt: Je mehr ich einen Muskel trainiere, desto stärker wird er. Für mich sind auch unsere Verhaltensweisen etwas Ähnliches wie Muskeln – je öfter ich eine Verhaltensweise positiv bestärkt anwende, desto automatischer wird sie zur unbewussten Kompetenz. Desto automatischer und unbewusster werde ich sie immer und immer wieder wiederholen. Ein Erfolgskreislauf beginnt – auch wenn es besser wäre, eine größere Handlungsbandbreite zu haben. Wir reiten unser Handlungs-Pferd oft, bis es tot ist, und sehr oft noch darüber hinaus.

Wenn ich das Muskeltraining auf die persönliche Veränderung anwende, dann hat das auch mit Kontinuität zu tun. Wegen einer Knieverletzung konnte ich die letzten neun Monate nicht mehr joggen. Meine Muskeln bauten rapide ab, das betroffene Kniegelenk neigte zur Instabilität und das andere Kniegelenk versuchte, diese Instabilität auszugleichen. Nun bin ich gerade daran, diese Muskeln wieder zu trainieren. Und wie mache ich das? Indem ich kontinuierlich spezielle Übungen mache. Immer und immer wieder. Wie unser Verhalten.

Wenn wir ein nicht mehr adäquates Verhalten ablegen wollen, dann müssen wir in einem ersten Schritt entdecken, wann und wo das Verhalten auftritt. Das passiert durch die stille Phase des Beobachtens. Nichts tun, nur beobachten. Wenn ich dann irgendwann weiß, wann und in welchen Situationen das Verhalten immer wieder auftritt, kann ich mir Gedanken über die zugrunde liegenden Absichten machen – wann und wo habe ich gelernt, genau dieses Verhalten anzuwenden?

In einem dritten Schritt geht es darum, ein neues Verhalten zu entdecken, das für die Situationen vielleicht adäquater wäre. Oder mehrere Verhaltensmöglichkeiten, die passen würden, im Sinne einer größeren Handlungsbandbreite. Und dann geht es ans Training: Einüben. Immer wieder, mit Erfolgen und mit Rückschlägen. Bis das als bewusste Inkompetenz wahrgenommene neue Verhalten zu einer unbewussten Kompetenz wird, also wieder automatisch abläuft.

Und das kann dauern. Vor allem dann, wenn ich mein altes Verhalten sehr früh gelernt und oft wiederholt habe.

Beispiel: Wenn ich ein Verhalten mit ca. 4 Jahren gelernt habe und heute 52 Jahre alt bin, dann habe ich 48 Jahre Wiederholen hinter mir. Machen Sie sich diese Zeitspanne bewusst. Dann ist es ganz natürlich, dass es etwas länger dauern kann, das alte Verhalten zu verlernen und neues Verhalten zu erlernen. Und dieses Wissen macht vielleicht etwas friedlicher mit den eigenen, natürlichen Unzulänglichkeiten. Auch wenn es nicht dem Zeitgeist „Höher, schneller und weiter" entspricht.

Manche Menschen sprechen davon, dass man ein neues Verhalten 21 oder 30 Tage immer wieder einüben und wiederholen muss, bevor es automatisch greift. Das ist eine sehr positive

Botschaft, der ich selbst pessimistisch gegenüberstehe. Wenn Sie schon 20 Jahre mit einem Verhalten leben, von dem Sie jetzt feststellen, dass es Ihnen nicht mehr gut tut, sind dann 21 oder 30 Tage „neues Verhalten" realistisch? Um sich vor Enttäuschungen zu schützen, gönnen Sie sich mehr Zeit für Ihre Verhaltensänderung. Das entspannt. Weil es um langjährige Gewohnheiten geht. Nach meiner Erfahrung ist es gut, immer nur eine Verhaltensweise auf einmal zu verändern, keine Überforderung bitte. Diese eine Verhaltensweise ist manchmal schon schwer genug.

Vielleicht gibt es einen roten Faden in Ihrem Verhalten. Also ein Verhalten, das sich in verschiedener Intensität und Ausdrucksform immer wieder ähnlich zeigt. Wenn Sie so ein Muster anpacken, dann können auch verschiedene Mücken mit einem Schlag erledigt werden. Aber nur dann.

Konsequenz in der Veränderung

In eine Veränderung gehen zu wollen, hat viel mit Verantwortung und Konsequenz zu tun. Verantwortung für sich und sein Leben zu übernehmen. Das hört sich beim ersten Lesen vielleicht leicht an, ist es aber oft nicht. Wie oft suchen wir die Verantwortung für die Dinge, die uns beschäftigen im Außen. Schieben vermutete Schuld unserer Umwelt in die Schuhe, oder als beliebtes Ausweichmanöver unseren Eltern.

Unsere Eltern waren irgendwann dafür verantwortlich, wie wir aufwachsen. Sie haben, so meine Hypothese, genau das getan, wozu sie zu diesem Zeitpunkt imstande waren. Nicht mehr und nicht weniger. Und irgendwann sind wir erwachsen geworden und leben jetzt das Leben, das wir eben leben. Und für das wir in letzter Konsequenz auch selbst verantwortlich sind.

Und wenn uns in unserem jetzigen Erleben etwas nicht mehr passt, dann haben wir die Verantwortung dafür, es passend oder passender zu machen. Eine weitere Hypothese von mir ist, dass sich jeder Mensch zu jedem Zeitpunkt seines Lebens verändern kann. Sie lesen richtig. Und ich habe nicht geschrieben, dass er sich leicht verändern kann. Sondern dass er sich verändern kann. Mit zwei Einschränkungen: Je größer die psychischen oder körperlichen Probleme sind, die Sie einschränken, desto mehr müssen Sie sich Ihren Möglichkeiten anpassen und desto schwerer haben Sie es vielleicht mit Ihrer Veränderung.

Das ist die eine Sache. Die andere Sache ist die mit der Konsequenz. Wenn ich für mich entscheide, dass ich mich ändern möchte, dann muss ich das auch mit der notwendigen Konsequenz tun. Und wenn meine Veränderung eben zwei Jahre dauert, dann dauert sie zwei Jahre. Und was sind schon zwei Jahre, wenn ich heute vielleicht schon 52 bin? Mit der Aussicht, die restliche Zeit mit gewissen Herausforderungen besser umgehen zu können, lohnt sich diese Veränderung auf jeden Fall.

Konsequenz und die Bereitschaft dazu ist für mich der zweite Erfolgsfaktor neben Kontinuität und Zeit. Ich muss wollen und ich muss meine bisherige Komfortzone verlassen. Das kann manchmal unangenehm werden, die See dann etwas rauer. Ohne diese Bereitschaft für Neues und die damit verbundene Angst auszuhalten, wird in den meisten Fällen keine nachhaltige Veränderung gelingen.

VERSCHIEDENE UNTERSTÜTZENDE ANREGUNGEN

Das meiste zum Gelingen einer nachhaltigen Veränderung habe ich bereits genannt. Natürlich gibt es noch andere Rahmenparameter, auf die wir achten können. Und natürlich auch Anregungen, die Ihnen das Leben in der Veränderung erleichtern. Meine diesbezüglichen Vorschläge habe ich in diesem Kapitel zusammengefasst.

▉ Angst vor den Schritten

Hinter jedem ausdauernd gezeigten Verhalten stecken Sicherheit und Kontrolle. Und wir Menschen brauchen Sicherheit und Kontrolle über unser Leben. Jede Veränderung, jede Abweichung von unserer eigenen Norm macht zuerst einmal unsicher. Das ist normal. Und es ist gut zu wissen, dass es normal ist.

Und bei den meisten Veränderungsschritten ist es gut zu wissen, dass Sie jederzeit Herr der Lage bleiben. Weil diese Veränderung Ihr erwachsener Anteil erledigt und dazu keine tiefgreifende Arbeit an Kindheitserlebnissen benötigt wird. Und erwachsene Anteile sorgen für eine gute Kontrolle und damit für Sicherheit.

Ihr Leben geht weiter und Sie brauchen keine Angst zu haben, dass Sie sich während einer Veränderung so destabilisieren, dass Sie zum Beispiel nicht mehr arbeiten können. Sollte dies der Fall sein, dann kann es sein, dass der gewählte Veränderungsschritt einfach zu groß und/oder die Kapazität zu klein war. Eine gute Lösung: Stehen bleiben und wieder dahin zurückgehen, wo alles noch in Ordnung und stabil war.

Das Verhalten unserer Umwelt, wenn wir uns verändern

Ein weiteres wichtiges Thema bei der Veränderung ist unsere Umwelt. Wir sind nicht alleine auf dieser Welt und leben nicht vollkommen losgelöst von unserer Umwelt. Und wir Menschen sind Gewohnheitstiere. Und wenn unsere Umwelt unser Verhalten gewohnt ist, dann bedeutet dies eine gewisse Sicherheit und Kontrollierbarkeit für unser Umfeld. Deshalb müssen Sie sich auf Verunsicherung in Ihrer Umwelt gefasst machen, wenn Sie in die Veränderung gehen.

Es kann sein, dass wir mit kritischen Fragen, Unverständnis und Kopfschütteln konfrontiert werden. Und das verunsichert wiederum uns. Und kann uns ins Wanken bringen: Was ist, wenn die Umwelt recht hat und wir auf dem Holzweg sind?

Vielleicht sehen Sie die Reaktionen Ihrer Umwelt genau unter diesem Aspekt der Sicherheit und Kontrolle: Wenn sich jemand plötzlich anders verhält, dann ist er weniger sicher in seiner Verhaltenskonstanz, weniger vorhersehbar und kontrollierbar. Was macht es mit Ihrer Veränderungsentscheidung, wenn Sie die Reaktionen in Ihrem Umfeld mit dieser Brille anschauen?

Aus diesem Grund gefällt mir persönlich das sogenannte Balance-Modell gut, das ursprünglich von Hilarion Petzold als „Fünf Säulen der Identität" und von Nosrat Peseschkian in der Positiven Psychotherapie entwickelt und verwendet wurde. Es beachtet die fünf verschiedenen Dimensionen, in denen wir uns bewegen, und kann gleichzeitig als Ist-Beschreibung als auch als Zielmodell für jede Veränderung benutzt werden.

Es umschließt die fünf Lebensbereiche

- **Körper**: Gesundheit, Sinnlichkeit, Sexualität,
- **Arbeit/Leistung**: Arbeitssituation, Passung, Karriere,
- **Materielle Sicherheit**: Einkommen, Schulden, Existenzerfahrung,
- **Familie/Kontakte**: Partnerschaft, soziale Kontakte, Kinder,
- **Sinn/Fantasie**: Hobbies, Leidenschaften, Fantasien, Sinn des Lebens, Religion, Spiritualität.

Innerhalb dieser fünf Punkte lässt sich das eigene Leben leicht aufspannen und eine Art Zufriedenheitsbarometer erstellen. Und man sieht schnell auf einen Blick, in welchem Bereich gerade eine Schieflage herrscht, welcher Bereich gut ausgestattet ist und in welchen Bereichen es Potenzial für Veränderungen gibt.

Aber: Alle Bereiche hängen miteinander zusammen und können nicht losgelöst voneinander bestehen. Verändern Sie sich in einem Bereich, zieht das Veränderungen in einem anderen Bereich nach sich. Auch das kann ein spannendes Spiel sein: Wenn ich mich zum Beispiel im Bereich Arbeit/Leistung verändere, was passiert mit meiner materiellen Sicherheit, mit der Familie und den Sozialkontakten?

Setzen Sie sich doch in einer ruhigen Minute hin und schreiben zu jedem der fünf Punkte auf, wie erfüllt bzw. nicht erfüllt Sie in den einzelnen Bereichen sind. Wo Sie gerade etwas ändern wollen: Aktuell, mittel- und langfristig? Das ergibt schon einmal ein gutes Startbild, bevor Sie in Ihren persönlichen Veränderungsprozess gehen.

Veränderung in der Partnerschaft

Natürlich gehört auch die Partnerschaft zu unserer Umwelt. Sie verdient aber eine extra Erwähnung, weil wir in Partnerschaften die Menschen näher an uns heranlassen als zum Beispiel im Freundeskreis oder im Beruf.

Und gerade in Partnerschaften kann es zu empfindlichen Reaktionen auf Veränderungen kommen, weil diese oft als Bedrohung des Status quo aufgefasst werden. Zum Beispiel dann, wenn innerhalb der Veränderung auf einmal die eigenen Bedürfnisse stärker gelebt werden und zu ihrer Erfüllung vom Gegenüber mehr eingefordert wird. Gerade hier habe ich es schon oft erlebt, dass der andere Partner versucht, die Veränderung wieder rückgängig zu machen oder seinen Partner an den Veränderungen zu hindern.

Leben heißt Veränderung. Wir sind heute nicht mehr diejenigen, die wir vor fünf Jahren einmal waren. Wer Veränderung als normal und permanent versteht, der schafft es auch, sie nicht als bedrohlich wahrzunehmen. Auch eine Partnerschaft verändert sich ständig. Und jetzt habe ich die Möglichkeit, mich vielleicht bewusst mit meinem Partner zusammen zu verändern – mich also mit ihm zusammen zu bewegen. Oder eben nicht. Oder eben dagegenzuhalten.

Wobei Sie in den beiden letztgenannten Fällen auch immer damit rechnen sollten, dass Sie irgendwann Konsequenzen ziehen müssen. Wenn sich mein Partner verändert, ich aber stehen bleibe oder regrediere (was auch vorkommt), dann kann es sein, dass die Partnerschaft nicht mehr möglich ist.

Ich höre gerade in der Paarberatung sehr oft den Wunsch, dass die Frau zum Beispiel wieder so werden soll wie vor zehn Jahren. No way. Leben bedeutet Veränderung. Und wir sind schon in einer Woche nicht mehr so, wie wir heute sind.

Ein **Beispiel** dazu aus der Paartherapie: Stellen Sie sich vor, Ihr Partner mag nicht mehr mit Ihnen zusammen sein. Er will sich von Ihnen trennen und teilt Ihnen das auch unmissverständlich mit. Manchmal passiert das mit diversen Vorankündigungen über einen längeren Zeitraum hinweg, die Sie eventuell nicht so richtig ernst nehmen. Und manchmal Knall auf Fall. Ein ziemlicher Schock für viele. Zeit, sich Gedanken über den eigenen Anteil zu machen. Zeit, sich zu schütteln, sich zu sortieren und zu schauen, wo man denn gerade in seinem Leben steht. Soweit die Theorie. Aus unseren eher archaischen Anteilen heraus neigen wir gerade in solchen Lebenssituationen zu Verhaltensweisen, die dem „Kämpfen, Fliehen oder Totstellen"-Muster entsprechen. Genau diese Verhaltensweisen aber sind in den zwischenmenschlichen Beziehungen, auch wenn sie zu Ende gehen, gerade nicht förderlich.

Lebendiges Innehalten hingegen ist vielleicht ein sinnvollerer Schritt in dieser Situation. Also ohne zu versteinern, wegzulaufen oder zurückzuschlagen, vielmehr offen zu bleiben und das wahrzunehmen, was mir mein Gegenüber mitgeteilt hat: „Aha, du hast dich entschieden, dich von mir zu trennen." Und darauf zu achten, was in einem selbst in diesem Moment hochsteigen mag. Eine Situation so zu nehmen, wie sie eben gerade ist – ohne sich mit den sich aufdrängenden Bewertungen aufzuhalten.

Auch wenn die katholische Kirche von „bis dass der Tod euch scheidet" spricht – die Scheidungszahlen sprechen eine andere Realität. Menschen verändern sich permanent und nicht nur ihre Körperzellen. Das ist etwas, das wir oft nicht wahrhaben wollen. Aber wir entwickeln uns ständig weiter – in die eine oder andere Richtung. Und manchmal passt eine Beziehung nach zehn Jahren einfach nicht mehr. Alles ist permanente Veränderung.

Wenn ich von diesem Standpunkt der Akzeptanz einer ständigen Veränderung dann auf meine augenblickliche Situation schaue: Was passiert dann? Was passiert in mir, wenn ich mein Leben als Veränderung wahrnehme anstatt als Konstante? Wie gehe ich dann mit solchen Krisen- und Ausnahmesituationen um? Beginne ich zu kämpfen, fliehe ich oder stelle mich tot? Oder nutze ich die „Erschütterung", um mich zu orientieren und etwas in meinem Leben zu verändern? Und wie kann ich dann das Momentum der Bewegung, die sich dadurch vielleicht beschleunigt ergibt, nutzen, um selbst mutige Schritte zu machen?

Warum Veränderung ohne Ziele manchmal besser geht

Ein beliebtes Spiel: Zum Jahreswechsel oder Geburtstag – wir setzen uns Ziele für alle Bereiche unseres menschlichen Erlebens: Gesundheit, Arbeit, Erfolg, materiell, spirituell, beziehungstechnisch. Ich kenne viele Menschen, die einige Tage damit verbringen, sich auf die Zielgerade zu bringen. Diese Ziele dann entweder aufzuschreiben und in den Tiefen der Festplatte zu versenken, sie auszudrucken, zu verbrennen, zu vergraben oder mit sonstigen Ritualen damit zu arbeiten. In meinen Augen nichts Schlechtes, weil uns Ziele nach vorne bringen, zu Neuem anregen und Innovationen auf verschiedenen Gebieten schaffen.

Aber Ziele haben oft mit Kontrolle zu tun. Durch unsere Ziele versuchen wir, unser Leben und unsere Zukunft kontrollierbar zu machen. Indem wir planen. Minutiös, manchmal so gut, dass wir gar nicht mehr leben vor lauter planen.

Und warum schreibe ich dann, dass es ohne Ziele besser geht? Ganz einfach: Die meisten Ziele liegen in der Zukunft. Der Mensch lebt aber in der Gegenwart. Im günstigsten Fall. Und oft eben nicht. Dann reflektieren wir unsere Erfahrungen der Vergangenheit und projizieren sie auf die Zukunft. Vergangenheit? Zukunft? Und wo bleibt da denn die Gegenwart? Genau darum geht es.

Einfach sein, schauen, wie es mir jetzt gerade geht. Achtsamkeit im Jetzt. Ich gestehe, auch ich gehöre zu den Menschen, die sich mit sich selbst, ihrer Umwelt und mit den eigenen Lebenszielen beschäftigen. Anfang des Jahres habe ich das gestoppt. Keine Ziele, keine epischen Ausarbeitungen mehr. Sondern – einfach sein. Mit mir, mit denen, die mir nahe stehen, mit meinen Tieren. Und mich von Moment zu Moment damit zu beschäftigten, wie es mir geht, was mir guttut und was mir im Augenblick nicht guttut. Und zu schauen, warum mir etwas im Augenblick nicht guttut. Und wie ich aus der Nummer rauskomme. Dahin, wo es mir wieder gut geht. Losgelöst von irgendwelchen Zielen.

In der Gegenwart sein. Nicht in der Vergangenheit. Und auch nicht in den nächsten 12 Monaten oder 5 Jahren. Das haben wir eh nur sehr bedingt in der Hand. Was wir ändern können, ist die Gegenwart, der Moment. Und das reicht. Vollkommen. Zu einem täglich guten Leben.

Oft genug ist der Anlass für ein Coaching der, dass sich Ziele nicht erreichen lassen. Will heißen, Sie haben sich etwas vorgenommen, Ihr Ziel definiert und vielleicht sogar niedergeschrieben und verschiedene Anläufe genommen. Oder Sie durchdenken alles mehrmals – sowohl die positiven als auch vielleicht negativen Aspekte und kommen einfach keinen einzigen Schritt voran. Kennen Sie solche Situationen?

Ziele hängen nicht nur vom Willen ab! Viele Methoden zur Zielerreichung bauen allerdings stark auf Willen und Glauben/Anstrengung auf. Mit dem Willen lässt sich fast alles erreichen. Fast. Und wenn es dann nicht geht, wird einem unterstellt, dass man nur nicht fest genug gewollt oder daran geglaubt hat. Was aber, wenn einfach der Unterbau fehlt? Das ist manchmal so wie beim Marathon: Sie haben viel trainiert, sich optimal vorbereitet. Haben aber Ihren Kohlenhydratspeicher nicht optimal aufgefüllt und haben während der ersten Kilometer nicht darauf geachtet, genug zu trinken und genug Kohlenhydrate nachzulegen. Bei Kilometer 31,7 heißt es dann: Vergessen Sie Ihren Willen! Ihr

Körper macht einfach nicht mit. Und genauso ist es auch mit den Zielen: Während Ihr Kopf in immer höhere Sphären vordringt, hat Ihr Körper aktuell keine weitere Kapazität zur Verfügung. Er braucht seine Energie, um den Alltag gerade mal so hinzukriegen. Mehr geht einfach nicht. Wie beim beschriebenen Marathonbeispiel. Dann ist es eher sinnvoll, sich um seinen Energiehaushalt, seine aktuelle Kapazität und seine Möglichkeit der Kapazitätssteigerung zu kümmern, als sich weiter in der Zielarbeit zu verlieren.

Glaubenssätze, Handlungsmuster

Je mehr Sie sich mit sich beschäftigen, desto mehr fallen Ihnen bestimmte Glaubenssätze und Handlungen an Ihnen auf, die Sie durch andere Menschen kennengelernt haben. Meistens durch Ihre Eltern.

Glaubenssätze fangen oft mit „Du sollst, du musst, das tut man nicht" usw. an. Manchmal hilft es für den Anfang, diese einfach aufzuschreiben, wenn man sie bemerkt. Für den ersten Schritt braucht es nicht mehr. Dasselbe gilt für Handlungsmuster, die ich immer wieder wiederhole. Aufschreiben und sammeln.

Und irgendwann setzen Sie sich dann hin und ordnen Glaubenssätze und Handlungsmuster den Personen zu, die diese ebenfalls zeigen oder zeigten. Forschen Sie ruhig nach – wer sagt auch noch so etwas? Und wer macht auch noch so etwas?

Tragen Sie es mit Fassung und Humor. Versuchen Sie sich – in Gedanken – bei den Menschen zu bedanken, wenn Sie die Glaubenssätze und Handlungsmuster bei sich entdecken. Einfach so, vielleicht mit einem Lächeln im Gesicht: „Danke Papa, danke Mama."

Perfektionismus

Perfektionismus ist der Versuch, unangreifbar zu werden, also keine Kritik, Beschämung und/oder Tadel zu bekommen. Unantastbar zu werden. Aus diesem Grund strengen wir uns an. Versuchen, so perfekt wie möglich zu werden. Und das ist purer Stress.

Oder er ist die Suche nach Anerkennung und Liebe. Vielfach haben wir es als Kinder erlebt, dass wir nur dann gelobt wurden, wenn wir etwas besonders gut gemacht haben. Das prägen wir uns ein und versuchen, diesen Zustand immer wieder herzustellen. Indem wir viel tun und/oder perfekt sind. Auch das ist purer Stress.

Manchmal hilft es, diese Dynamiken als kindliche Bewältigungsversuche zu sehen, die uns im Hier und Jetzt im perfekten Hamsterrad halten. Und gleichfalls zu sehen, woher sie kommen und was sie auslösen.

Nur für Ihre Veränderung heute, da hilft Ihnen Perfektionismus meistens nicht weiter. Weil wir Menschen, so wie wir sind, perfekt sind. Und ebenso unverschämt charmant unperfekt. Kein Mensch muss etwas dafür tun, dass andere ihn wertschätzen oder lieben – entweder sie tun es, weil sie ihn als Mensch mögen, oder irgendetwas stimmt im System nicht.

Mitgefühl mit sich selbst

Wenn Sie mit meinen Hypothesen konform gehen, dass die meisten unserer Verhaltensweisen aus der Not geborene Adaptionsversuche an eine gegebene Umwelt sind, dann kann man schon ziemlich traurig, wütend und mitleidig werden. Aus einem solchen Mitleid mit sich und seiner Strategie kann sich Mitgefühl für sich selbst entwickeln. Mitgefühl bedeutet, dass ich mit mir fühle, dass ich mich fühle. Mit all den Empfindungen, die da sein können, da sein dürfen. Mitgefühl bedeutet auch, dass man sich – in Gedanken und/oder Realität – auch in den Arm nehmen kann, um sich zu trösten.

Nicht, dass wir uns falsch verstehen: Ich möchte nicht, dass Sie ab sofort bei jeder nicht mehr an sich geliebten Verhaltensweise sofort in lautes Lamentieren „Ich Armer, ich Armer" ausbrechen, sondern dass Sie Verständnis für sich entwickeln. Für Ihr bisheriges Leben, für Ihre bisher gezeigten Verhaltensweisen und die Höhen und Tiefen, die diese verursacht haben.

Um von diesem Punkt aus – Verständnis und Mitgefühl für sich selbst – dann in eine Veränderung zu gehen. Als feste Basis sozusagen, auf die Sie sich immer wieder zurückziehen können. Nämlich dann, wenn es Ihnen in Ihrem Prozess vielleicht einmal nicht so gut geht und Sie Aufmunterung und Trost brauchen.

Beispiel: Sie kennen es! Stellen Sie sich ein Kind vor, dem es nicht gut geht und das weint. Was ist unsere erste Reaktion als entspannter Erwachsener darauf? Wir nehmen es in den Arm und trösten es. Und genau darum geht es: Wir haben die Fähigkeit, nicht nur andere, sondern auch uns selbst zu trösten. Und genau dafür brauchen wir Verständnis und Mitgefühl für uns selbst.

◼ Unsere eigenen Emotionen als großer Stressfaktor

Viele Menschen schrecken vor einer Veränderung zurück, weil sie glauben, dass sie damit unweigerlich mit ihren tiefsten Emotionen und Empfindungen konfrontiert werden und sich insgeheim davor fürchten. Das ist einer der Gründe, warum viele Menschen zu „Kopfmenschen" geworden sind: Immer wenn ich kopfig unterwegs bin, immer dann muss ich nicht fühlen. Und je mehr ich im Kopf bin und mich damit sicher fühle, desto mehr muss ich meine Emotionen unterdrücken. Weil ich insgeheim weiß, dass die immer noch da sind. Das kann ganz schön stressig sein. Mit jeder Überbetonung der einen Seite muss der andere Pol mit großer Energie unterdrückt werden.

Nein, ich will Sie jetzt nicht ermutigen, dass Sie sich sofort Ihrer Empfindungswelt stellen. Dann würde meistens das passieren, was Sie am meisten fürchten: Ein emotionaler Tsunami rollt über mich hinweg und ich bekomme im realen Leben einen schweren Stand. Es geht eher um die Strategie der kleinen Schritte.

Beispiel: Stellen Sie sich einen aufgeblasenen Luftballon vor. Genau, da leuchten die Augen und der Gedanke, wie man ihn am besten zum Platzen kommt, schleicht sich ins Hirn. Es gibt zwei Arten: Entweder ich nehme eine Nadel und steche rein. Bamm – große Emotion und große Entladung. Und dann Leere. Oder – ich nehme den Einlass des Luftballons zwischen Daumen und Zeigefinger und lasse dosiert die Luft raus. Das ist schonender – für Sie und Ihre Umwelt.

Ich persönlich tendiere zur zweiten Methode, um sich den eigenen Emotionen zu nähern. Schritt für Schritt. Pfff, zudrücken, pfff, zudrücken, pfff, zudrücken usw. Auf diese Weise lernen Sie, dass Empfindungen und Emotionen da sein dürfen, ohne dass es Sie umwirft oder es immer zu einem Big Bang kommt. Die emotionale Ladung sinkt dadurch ständig und Sie lernen, mit Ihren Empfindungen und Emotionen besser umzugehen. Im Kapitel „Erste-Hilfe-Koffer" gibt es dazu einige praktische Übungen und Hinweise.

Unsere Bewertung ist nicht die Realität

Wir neigen dazu, uns und unsere Umwelt permanent zu bewerten. Auch das kann Stress, miese Laune und vor allem ein schlechtes Selbstbild erzeugen. Alles, was ist, ist. Es ist da, weder schlecht noch gut, es ist einfach da. Dieser Grundsatz hilft, um sich selbst aus einer emotionalen Blockade zu holen. Wenn eine Situation einfach so da sein darf, wie sie ist, und ich sie so akzeptiere, gibt es erst einmal keine Schuld („Warum ist das so?" ist eine vielgestellte Frage in diesem Zusammenhang): Dann entspannt sich die Situation ein wenig.

Und vielleicht gewöhnen Sie es sich an, statt „Warum" zu fragen, eher nach dem „Wie" zu schauen: Wie komme ich aus der Situation heraus, wie kann ich mein Verhalten ändern? Die Wie-Frage gibt uns wieder Verantwortung für uns. Wir können dann selbst handeln, anstatt nach Gründen zu suchen. Ich sehe es so, dass jeder verantwortlich für sein Leben ist und diese Verantwortung auch tragen kann. Es geht darum, wofür Sie sich entscheiden und wie Sie etwas tun möchten. Anstatt immer nur Dinge zu schlucken, die Ihnen vielleicht nicht mehr guttun. Oder schon lange nicht mehr guttun. Dinge hinunterzuschlucken war vielleicht als Kind opportun – aber nicht mehr heute als erwachsener Mensch. Heute sind es wir, die wissen, was uns guttut und was nicht. Und nicht mehr unsere Eltern.

Damit bezahlen Sie allerdings den Preis, dass Sie keine Konflikte mehr unter den Teppich kehren können. Sondern es geht darum, alles sorgfältig zu prüfen. Ob es mir schmeckt oder eben nicht. Und das, was mir heute nicht mehr schmeckt, das kann ich auch ausspucken. Das entspannt. Und aus einem entspannteren Zustand heraus kann ich viel besser nach Lösungen, neuen Wegen und einer persönlichen Veränderung suchen.

Wir Menschen bewerten viel. Bewerten basiert oft auf den Glaubenssätzen, die uns in unserer Kindheit mitgegeben wurden. Und diese Bewertungen vermitteln uns die Werte und Normen unserer „Sippe". Die übernehmen wir, weil sie uns eine Orientierung geben, was die Sippe gut findet und was nicht. Also unterstützen wir mit den Werten letztendlich den Erhalt unserer Sippe. Das war als Kind sehr nützlich, weil niemand Lust darauf hat, ständig gegen Werte und Normen zu verstoßen und dafür Strafe zu kassieren.

Heute als Erwachsener ist es etwas anders: Sie können Ihre eigenen Normen und Werte aufstellen, müssen sich nicht mehr an die Ihrer Sippe halten. Manchmal lohnt es sich auch, sich diese Normen und Glaubenssätze wieder bewusst zu machen und zu schauen, ob sie denn immer noch gelten.

Beispiel: Es gibt Menschen, die extrem vom Wetter abhängig sind. Wenn es regnet, fühlen sie sich mies und verbringen meistens auch einen miesen Tag. Warum? Weil sie Regen automatisch als schlecht und unerwünscht bewerten. Und durch die Bewertung versauen sie sich die Laune. Aber – es regnet, genauso wie es Sonnenschein, Schnee, Sturm usw. gibt. Das ist keine Ungerechtigkeit, sondern die Natur. Und vielleicht sagen Sie sich das nächste Mal versuchsweise nur „Ah ja, es regnet." Und gehen zum Tagesgeschäft über.

Selbstgespräche und Affirmationen

Selbstgespräche und Affirmationen sind beliebte Hilfsmittel im Veränderungsprozess. Und zwar deshalb, weil wir hier genau dieselben Hirnareale ansprechen wie beim direkten Miterleben und beim Tun.

Es geht aber nicht nur um die Gedanken, es geht letztlich um die Tat. Selbstgespräche und stille Affirmationen können Ihnen in Ihrem Veränderungsprozess helfen, ersetzen aber keinesfalls Ihre Handlungen und konkrete Schritte.

Ich kenne es zu gut von meinen Klientinnen, die vorab ein weiteres Buch lesen, ein weiteres Seminar oder eine weitere Sitzung bei mir nehmen wollen – anstatt ihre Schritte im Leben zu machen. Mit all den Schwierigkeiten, die dabei kommen können. Genau diese Schritte kann Ihnen auch niemand abnehmen. Ich kann Sie höchstens dabei begleiten.

Doch zurück zu den Selbstgesprächen, Affirmationen und Mantras – Sie können sie zum Beispiel immer dann anwenden, wenn Sie sich bei Ihrem alten Verhalten beobachten. Oder immer dann, wenn Sie Ihr altes Verhalten wahrnehmen. Dann dienen diese stummen Zwiesprachen als wirkungsvolle Musterunterbrecher.

 Kleine **Hilfestellung**: Bemerken, kurz stehen bleiben, Füße spüren, tief durchschnaufen und dann eine gute Affirmation oder ein Mantra. Und schon sind Sie im Hier und Jetzt und das Muster wurde gestört bzw. ganz unterbrochen.

ERSTE-HILFE-KOFFER

Wenn sich Stress und Nervosität von unten im Körper aufbauen, dann sollten wir darauf achten, dass diese Symptome wieder nach unten abgebaut werden. Das geht durch Achtsamkeit und körperliches Gewahrsein. Also nur dann, wenn wir unseren Körper dabei zur Hilfe nehmen.

Stress im Sinne eines Zuviels beschäftigt sich vor allem mit Geschehenem (Vergangenheit) oder Zukünftigem (Zukunft) und in den seltensten Fällen mit der Gegenwart. In dem Moment, in dem wir ganz bewusst in stressigen Lebens-Momenten unseren Körper dazu holen, verorten wir uns in der Gegenwart. Der beobachtbare Effekt: Der bislang gefühlte Stress nimmt ab.

Da es mir darauf ankommt, dass Sie alle Übungen im normalen Alltag – wo meistens Stress entsteht – anwenden können, habe ich gerade auf die Alltagstauglichkeit geachtet. Alle hier zusammengefassten Übungen können Sie jederzeit im Gespräch, im Fahrstuhl, am Rednerpult usw. anwenden. In meinem Erste-Hilfe-Koffer habe ich mich auf 5 Punkte beschränkt, die sehr schnell abrufbar und überall anwendbar sind. Wenn Sie diese fünf beschriebenen Ressourcen in allen Situationen anwenden können, die Ihnen derzeit nicht guttun, dann haben Sie schon 75 % aller bisherigen Herausforderungen bewältigt und leben wesentlich friedlicher.

Und für alle speziellen Herausforderungen gibt es dann im folgenden Kapitel noch mehr Anregungen.

1. Achtsamkeit

Achtsamkeit bedeutet, seine Antennen vermehrt nach innen zu richten und zu achten, wo im Körper gerade welche Empfindung, welche Anspannung und – ganz wichtig – welche Entspannung ist: Körpersensationen als Indikator für meinen aktuellen Zustand.

Achtsamkeit bedeutet, nur wahrzunehmen, ohne zu bewerten. Vielleicht im Sinne „Oh, ich hab gerade einen trockenen Hals", wie es ein Forscher tun würde. Mit einer Bewertung würde schon wieder Anspannung/Verspannung kommen, deshalb ist es wichtig, eine nicht wertende Neugier zu gewinnen.

 Wichtig: Beobachten Sie sich, wenn Sie genau mit dieser nicht wertenden und neugierigen Achtsamkeit durch die Welt laufen. Vielleicht verändert sich etwas.

Sie werden es mal einfacher und mal schwerer mit Ihrer Achtsamkeit haben. Das liegt in der Natur der Sache. Wir machen hier keinen Wettbewerb in Achtsamkeitsübungen. Einfach nur wahrnehmen – es gibt nichts weiter zu tun.

Es geht immer um ein offenes, nicht urteilendes und nicht wertendes Wahrnehmen des aktuellen Augenblicks. Und sollten Sie einen Handlungsimpuls in sich bemerken – dann sind wir genau bei einem Baustein Ihres Automatik-Programms angekommen.

Dazu ein paar Anleitungen:

1. Nehmen Sie sich mehrmals am Tag ein wenig Zeit für sich, ganz kurze Momente, Augenblicke, die Sie gut in Ihren Alltag einbauen können, z. B. wenn Sie warten müssen.
2. Gehen Sie in dieser Zeit mit Ihrer Aufmerksamkeit nach innen, d. h. von dem, was bisher außen los war, richten Sie Ihren Fokus auf das, was in Ihnen los ist. Lenken Sie Ihre Aufmerksamkeit!
3. Eine gute Methode dazu ist, dass Sie sich auf Ihren Atem konzentrieren und diesem kurz folgen, wie er von selbst ein- und ausströmt. Willkommen in Ihrem Körper.
4. Nehmen Sie Ihre Körperempfindungen wahr: Unangenehmes, Schmerzen, Verspannungen, Entspannung, Sattheit usw. Sie müssen nicht handeln, nur wahrnehmen. Sie sind nun in Ihrer körperlichen Gegenwart angekommen und spüren sich als Ganzes.
5. Akzeptieren Sie alles, was da ist. Es geht nur um Wahrnehmung, nicht um Bewertung und auch nicht ums Handeln. Dies gilt auch für Ihre Inneren Kritiker und Inneren Beobachter. Die haben gerade absolut nichts zu tun.
6. Und nun können Sie aus dieser Position heraus wieder mehr Aufmerksamkeit auf das richten, was gerade um Sie herum passiert, was Ihnen bevorsteht, was Sie sich gerade vorgenommen haben

Vielleicht stellen Sie durch diese kleine Übung schon fest, dass sich Ihre Wahrnehmung verändert hat. Dass Sie nach der Übung vielleicht mehr im Hier und Jetzt sind und dem, was Ihnen im Außen begegnet, eher gegenüber stehen als darin zu sein. Es reichen winzige Augenblicke dazu aus, Sekundenbruchteile, die immer öfter am Tag wiederholt werden.

2. Spüren Sie Ihre Füße auf dem Boden

Das hört sich trivial an, ist es aber meistens dann nicht, wenn Sie gestresst und angespannt sind. Meistens kommt Ihre Nervosität daher, dass Sie mit Ihren Gedanken entweder in der Vergangenheit (negative Erinnerungen) oder in der Zukunft (negative Erwartungen) sind. Nicht aber in der Gegenwart. Manchmal nimmt man auch seine negativen Erinnerungen aus der Vergangenheit, um sie in die Zukunft zu projizieren.

Richten Sie in einem solchen Moment Ihre ganze Aufmerksamkeit auf Ihre Füße, spüren Sie Ihren guten Stand auf dem Boden und vielleicht wackeln Sie einfach mal mit den großen Zehen. Sieht niemand. Aber es verstärkt den guten Stand und damit Ihre Bodenhaftung.

3. Geben Sie sich ein bisschen Halt

Oft geht in solchen stressigen und angespannten Momenten neben dem guten Stand auch der eigene Halt verloren. Vielleicht stecken Sie beim Laufen eine Hand in die Hosentasche und berühren sich mit leichtem Druck auf dem Oberschenkel.

Oder Sie verschränken Ihre Arme und geben so einen leichten Druck an sich selbst weiter. Auf diese Weise spürt Ihr Körper, dass er gehalten wird. Das entspannt ungemein und verleiht Sicherheit.

4.   Einfacher Body-Scan mit Beruhigungseffekt

Beim einfachen Body-Scan gehen Sie am besten dahin, wo Sie gerade niemand sehen kann. Setzen Sie sich gerade und dennoch bequem hin und nehmen Sie Kontakt mit dem Boden unter Ihren Füßen auf. Manchmal hilft es auch, vor der Übung einige Male tief durchzuatmen. Bleiben Sie während der gesamten Übung bei Ihrem Atem, gönnen Sie ihm Ihre Aufmerksamkeit. Und spüren Sie Ihre Hände und deren wohltuend beruhigende Wirkung auf den einzelnen Körperteilen.

Gehen Sie dann den Body-Scan durch und verbleiben Sie in jeder Position so lange, wie es Ihnen gefällt und guttut.

1. Hände in den Nacken und auf das Schädeldach.
2. Hände auf Luft- und Speiseröhre.
3. Hände auf das Herz.
4. Hände auf den Bauch.

Spüren Sie in jeder der vier Positionen nach und gehen Sie in der Position 4 im Geist/Körper nochmals alle anderen Positionen durch, spüren Sie nach und kommen dann zur Position 4 zurück. Diesen Body-Scan gibt es auch noch in einer ausführlicheren Version im MBSR-Programm nach Kabat-Zinn.

5.   Es geht nicht um Ihr Überleben

In den wenigsten Fällen geht es um das nackte Überleben. Es kommen vielleicht im Moment nur Dinge, Emotionen und Gefühle hoch, die Sie beunruhigen.

Niemand verstößt Sie aus der Gemeinschaft, wenn etwas nicht klappt oder Fehler passieren. Sie verlieren nicht Ihren Job und erleiden meistens auch sonst keinen bleibenden Verlust. Achten

Sie genau auf Ihre körperlichen Signale, darauf, welche Veränderung diese Wahrnehmung für Ihre Nervosität mit sich bringt. Es geht nicht um Ihr Überleben. Denken Sie nicht weiter darüber nach, nehmen Sie die Empfindungen nur wahr. Beobachten Sie Ihre Gedanken, ohne sie zu werten oder lange zu verfolgen. So nach dem Motto „Ach, da ist ja schon wieder Gedanke xy …"

WEITERE HILFSMITTEL FÜR SPEZIELLE SITUATIONEN

1.   Achtsamkeit in der Partnerschaft

Immer wieder bei sich zu sein oder zu sich zu kommen ist die Voraussetzung für Klarheit, Wohlwollen und Rücksichtnahme in Ihrer Partnerschaft. Nur wenn Sie mit den meisten Ihrer Sinne bei sich sind, können Sie auch bei Ihrem Partner sein.

Begrüßung und Verabschiedung: Achten Sie vor allem hier darauf, dass Sie präsent sind. In diesen Punkten schleichen sich die meisten Unaufmerksamkeiten ein. Schauen Sie Ihrem Partner wirklich in die Augen, lassen Sie durch Ihre Blicke auch Ihre Herzen sich begegnen. Wenn Sie sich umarmen, dann umarmen Sie sich richtig und spüren Sie sich und Ihren Partner. Nehmen Sie die Worte und Sätze wahr, die Ihr Partner zu Ihnen sagt und achten Sie auch darauf, was Sie sagen.

Alltägliche Umgangsformen: Achten Sie immer wieder auf Ihre Umgangsformen im Alltag – hier geschehen gerne die kleinen Verletzungen durch Gewohnheiten, die sich einschleichen und die für den Partner störend sind. Ein guter erster Schritt könnte sein, sich zu fragen, ob die eigenen Gewohnheiten für den Partner nicht eigentlich eine Zumutung sein könnten. Und wenn Sie sich unsicher sind – Nachfragen hilft meistens. Und wenn dies wirklich der Fall sein sollte, dann achten Sie darauf, dieses Verhalten in Zukunft zu unterlassen oder zu verändern. Sprechen Sie über Ihre Verhaltensweisen. Immer wieder. Mit Achtsamkeit.

Zusammenarbeit: Achten Sie bei Ihrer partnerschaftlichen Zusammenarbeit darauf, dass jeder seine Stärken und Eigenarten einbringen kann und gleichzeitig auch Platz für die des anderen lässt. So können Sie sich immer wieder flexibel aufeinander abstimmen.

Zärtlichkeiten: Viele Paare hören irgendwann einmal auf, sich zwischendurch zärtlich zu berühren und im Alltag liebevollen Körperkontakt zu pflegen. Und es gibt Tausende Möglichkeiten während eines Tages für solche Zärtlichkeiten. Das braucht aber gegenseitige Erwiderung. Wie geht es jedem von Ihnen mit Nähe und Distanz. Wie viel braucht jeder, in welchen Phasen?

Positives: Achten Sie immer ein bisschen mehr auf das Positive in Ihrem Alltag und Ihrer Beziehung. Achten Sie auf die gemeinsamen Ressourcen, bemerken Sie diese und teilen Sie das einander immer wieder ganz explizit und ausdrücklich mit.

Alltagsrituale: Schaffen Sie sich gemeinsame Rituale jenseits des Alltags. Geben Sie sich einen immer wiederkehrenden Paar-Rahmen und eine regelmäßige Paar-Zeit. Machen Sie etwas, zu dem Sie beide Lust haben und das Sie auch zusammen machen. Vereinbaren Sie, dass Sie abwechselnd immer wieder für diese Rituale verantwortlich sind, sodass nicht nur einer etwas tut und der andere konsumiert.

Sexualität: Achten Sie darauf, dass Ihre Sexualität nicht zu kurz kommt. Auch diese muss immer wieder aufs Neue gepflegt werden. Und zwar bewusst. Je länger Sie nicht miteinander schlafen, desto größer wird die Hürde, die Sie beide zu überwinden haben. Und auf wenig Sexualität folgt meistens auch das Ausbleiben von Zärtlichkeiten.

2. Geben Sie Ihrem Herzen eine Chance

Vor allem das Herz schlägt in stressigen Situationen gerne etwas schneller. Das kann manchmal als etwas unangenehm wahrgenommen werden. Es ist aber gleichzeitig auch ein Zeichen von Vitalität und Lebendigkeit – „Hurra, ich lebe!" Egal, aus welcher Richtung Sie es jetzt betrachten – vielleicht sollten Sie Ihrem Herzen ein bisschen mehr Halt und ein Quäntchen mehr Wahrnehmung schenken.

Legen Sie eine Hand so natürlich und so ruhig wie möglich auf Ihre Herzgegend und richten Sie etwa fünfundzwanzig Prozent der Wahrnehmung auf Ihre Herzgegend („Ja, Herz, du bist aufgeregt"). Das verhilft meistens zu einer ersten Beruhigung. Vielleicht hilft es Ihnen auch, wenn Sie sich auf die Lebendigkeit, die so ein vitaler Herzschlag mit sich bringt, konzentrieren.

3. Bewegung hilft

Stress macht angespannt und eng. Alles zieht sich zusammen, vor allem der Oberkörper, insbesondere die Halsmuskulatur und der Nacken. Ergebnis: Das fühlt sich definitiv nicht gut an und Sie haben gleichzeitig zu wenig Luft, damit Ihre Stimme gut zur Geltung kommen kann. Was hilft? Ganz einfach: Dort, wo es eng und starr wird, fehlt die entsprechende Beweglichkeit. Bewegen Sie also ein wenig Ihre Hand-, Ellbogen- und Schultergelenke, so als ob Sie sich leicht strecken wollten. Bewegen Sie sich natürlich und ohne Hektik, also mit all der Ruhe, die Sie dazu brauchen. Spüren Sie anschließend kurz nach, ob die Bewegung bereits ausreichend war. Wenn nicht – wiederholen. Je langsamer Sie die Bewegung ausführen, desto wirksamer ist sie und umso natürlicher sieht sie aus.

Und wenn Sie aktuell das Gefühl haben, dass keine Bewegung möglich ist, dann konzentrieren Sie sich auf Ihren Atem. Einatmen – ausatmen. Auch das ist Bewegung. Und vielleicht kommt dann nach ein paar Atemzügen auch in den restlichen Körper etwas mehr Beweglichkeit.

4.   Immer gut durchatmen

Wir brauchen Luft zum Reden und Leben. Die Luft muss zuvor in die Lunge. Bei starker Nervosität und Anspannung funktioniert das meistens nicht so gut. Konzentrieren Sie sich deshalb auf Ihren Atem. Versuchen Sie ganz normal und einigermaßen tief zu atmen. Werden Sie dabei aber nicht zu schnell und zu tief mit Ihrem Atem, das würde Ihre Nervosität und Anspannung erhöhen. Und wenn der Atem partout nicht so will, nehmen Sie ihn erst mal nicht so wichtig und bewegen Sie langsam Ihren Oberkörper nach links, rechts, vorne und hinten. Das lockert und hilft.

5.   Nehmen Sie sich nicht so ernst

Was nicht bedeutet, dass Sie sich nicht als Mensch ernst nehmen sollten. Aber, wie eingangs geschrieben, es geht meistens nicht um Ihr Überleben. Und da hilft eine gewisse Distanzierung vom gerade Erlebten. Zum Beispiel, wenn Sie sich vorstellen, dass Sie sich in dieser Situation von außen betrachten. Wie ein Fremder, der die Situation zufällig im Vorbeigehen entdeckt hat und sich sozusagen mit Forschergeist an Sie heranpirscht: „Aha, da hat jemand Stress. Mal gucken, was das mit dem anstellt. Au, der ist aber aufgeregt; oder besonders cool. Ah ja, das ..." Und so weiter.

Das schafft den notwendigen Abstand und nimmt der Sache den manchmal übermäßigen Ernst. In dem Moment, in dem wir uns ein bisschen weniger ernst nehmen, sind wir uns auch weniger peinlich. Und wo weniger Peinlichkeit und Scham vorhanden sind, trauen wir uns auch, wieder mehr zu entspannen.

6.   Gähnen Sie mal wieder

Wenn wir Stress haben, verspannen wir uns gerne. Nicht nur Schultern und Nacken, auch unsere Kinnmuskulatur hat hier einiges zu tun und vor allem zu halten. Kennen Sie das – einen angespannten Kiefer? Mit der Kinnmuskulatur halten wir viele Emotionen zurück, beißen uns durch, ziehen uns zurück, weil wir nichts von dem hergeben, was uns umtreibt.

Das Gegenmittel? Gähnen! Gähnen entspannt Gaumen, Rachen und den oberen Nacken. Genau diese Körperregionen brauchen die Entspannung. Danach redet es sich wesentlich einfacher und Sie kommen im wahrsten Sinne wieder in Fluss, weil die Spannung im Kiefer nachlässt und die Hirn- und Rückenmarksflüssigkeit wieder ohne Barriere von oben nach unten fließen kann. Gleichzeitig steigert Gähnen und die darauf einsetzende Entspannung die Produktion von Serotonin im Hirn, das für gute Laune und Entspannung sorgt. Erst bei Ihnen, dann beim Gegenüber. Gute Laune ist nun mal ansteckend.

Und wenn Sie sich ganz unbeobachtet fühlen, dann lassen Sie Ihr Kinn einfach mal locker durchhängen. Aber Achtung – da dies nicht unbedingt intelligent aussieht, empfehle ich Ihnen, Ihr Kinn nur dort hängen zu lassen, wo Sie niemand sehen kann.

7. Entspannen Sie Ihre Augen

Wenn es stressig wird, leisten unsere Augen Schwerstarbeit und sind schnell überanstrengt. Kommt etwas Unbekanntes hinzu, sind sie bald überfordert. Das macht sich durch einen müden Blick, nervöses Zwinkern und Sehstörungen bemerkbar. Gönnen Sie sich in solchen Momenten eine kleine Augen-Entspannungskur. Die können Sie stets dann wiederholen, wenn Sie kurz Zeit dazu haben. So als vorbeugende Maßnahme.

Am besten dort, wo Sie gerade niemand sieht, wobei die Augen-Entspannungskur sowohl mit offenen als auch mit geschlossenen Augen durchgeführt werden kann. Die Entspannung beruht darin, dass Sie langsam Ihre Augen in einer äußeren Position in beide Richtungen bewegen. Das mag in den ersten Augenblicken anstrengen, aber Ihre Augen entspannen sich schnell, was sich wohltuend auf Ihr gesamtes Gesicht auswirkt. Aber bewegen Sie die Augen nicht öfter als dreimal in jede Richtung.

8. Nehmen Sie Ihren Körper wahr

Symptome von Stress zeigen sich zuerst im Körper. Es gibt ein paar Dinge, auf die Sie besonders achten sollten:

1. Wo wird es im Körper enger?
2. Welche Körperteile reagieren stärker, welche weniger stark?
3. Was ist mit meiner Atmung?

Beobachten Sie Ihren Körper in diesen drei Punkten genau und geben Sie ihm dort Unterstützung, wo er sie gerade braucht. Zum Beispiel durch Handauflegen, durch eine generelle Verlangsamung und/oder durch Bewegung. Nehmen Sie sich dazu etwas Zeit. Das lockert.

9.   Wenn der Magen grummelt

Spüren Sie vor allem zuerst einmal Ihre Füße und Zehen auf dem Boden: Grounding ist die erste Maßnahme und so etwas wie eine Grundposition.

Legen Sie dann eine Ihrer Hände auf die Magengegend, üben Sie leichten aber spürbaren Druck gegen Ihren Bauchraum aus und schauen Sie, was passiert. Wenn Sie keine Veränderung spüren – gönnen Sie sich noch ein paar Minuten in dieser Position.

Eine weitere Möglichkeit ist die Beinwippe, um den kompletten unteren Bereich, zu dem auch der Magen gehört, zu lockern und in Bewegung zu bringen. Setzen Sie sich bequem auf einen Stuhl. Wippen Sie dann mit Ihren Beinen ganz leicht und nur 30 Sekunden nach außen und innen. Legen Sie dann eine Pause ein und spüren Sie nach.

Vielen ist nicht bewusst, wie viel in diesen Körperregionen an Spannung gehalten wird.

 Kleine Warnung: Sollten Sie eine Missbrauchs-Erfahrung in Ihrem Leben gemacht haben, dann verzichten Sie bitte auf die Beinwippe.

10.   Wenn das Zwerchfell wackelt

Spüren Sie vor allem zuerst einmal Ihre Füße und Zehen auf dem Boden: Grounding ist die erste Maßnahme und so etwas wie eine Grundposition.

Legen Sie eine Hand auf Ihr Zwerchfell, üben Sie leichten aber spürbaren Druck gegen Ihr Zwerchfell aus und schauen Sie, was passiert. Wenn Sie keine Veränderung spüren – gönnen Sie sich noch ein paar Minuten in dieser Position.

Und – wenn Sie noch ein bisschen mehr machen wollen: Beziehen Sie Ihre Arme und den Oberkörper ein, indem Sie ihn bewegen. Das schaffen Sie zum Beispiel beim Oberkörper dadurch, dass Sie Ihre Arme leicht bewegen, am besten an den Gelenken (Handgelenk, Ellbogen, Schultergelenk), so wie wenn Sie sich ganz leicht strecken und bewegen. Seien Sie vorsichtig und langsam, machen Sie dabei lieber eine Pause zu viel als eine Pause zu wenig.

11. Wenn Herz/Lunge rasen

Spüren Sie vor allem zuerst einmal Ihre Füße und Zehen auf dem Boden: Grounding ist die erste Maßnahme und so etwas wie eine Grundposition.

Legen Sie dann eine Hand auf Ihr Herz/Ihre Lunge, üben Sie leichten aber spürbaren Druck gegen Ihr Herz und/oder Lunge aus und schauen Sie, was passiert. Wenn Sie keine Veränderung spüren – gönnen Sie sich noch ein paar Minuten in dieser Position.

Und – wenn Sie noch ein bisschen mehr machen wollen: Beziehen Sie Ihre Arme und den Oberkörper ein, indem Sie ihn bewegen. Das schaffen Sie zum Beispiel beim Oberkörper dadurch, dass Sie Ihre Arme leicht bewegen, am besten an den Gelenken (Handgelenk, Ellbogen, Schultergelenk), so wie wenn Sie sich ganz leicht strecken und bewegen. Seien Sie vorsichtig und langsam, machen Sie dabei lieber eine Pause zu viel als eine Pause zu wenig.

12. Wenn im oberen Bereich alles eng wird

Spüren Sie vor allem zuerst einmal Ihre Füße und Zehen auf dem Boden: Grounding ist die erste Maßnahme und so etwas wie eine Grundposition.

Führen Sie dann in genau dieser Reihenfolge die Bewegungen durch. Bei dieser Übung empfiehlt es sich, alleine zu sein.

1. Drehen Sie Ihren Kopf langsam nach links und rechts.
2. Rollen Sie mit Ihren Augen im Kreis, so maximal nach außen wie es geht.
3. Lockern Sie Ihr Kinn.
4. Produzieren Sie Töne, z. B. indem Sie einen Ton wie ein Nebelhorn „Wu" produzieren.
5. Provozieren Sie das Schlucken.
6. Schneiden Sie Grimassen.

Mit dieser kleinen Übung haben Sie alle Muskeln im oberen Bereich bewegt und gelockert. Wo etwas gelockert wird, ist es weniger angespannt.

Wenn sich bei Ihnen der Ort der größten Anspannung/Enge im Hals/Kehlkopf befindet, dann bewegen Sie entweder Ihre Arme wie oben beschrieben oder berühren Sie diese Region mit Ihren Händen.

Wenn sich bei Ihnen der Ort der größten Anspannung/Enge im Nacken befindet, dann bewegen Sie entweder Ihre Arme wie oben beschrieben oder berühren Sie diese Region mit Ihren Händen. Beim Nacken ist es besonders wohltuend, wenn Sie Ihre Hand genau auf den Übergang vom Hals an den Kopf legen.

13. Generelle Emotionsregulation

Unsere Körpersensationen geben uns meistens einen Hinweis darauf, dass und wo etwas nicht stimmt: Wo ist es eng, wo verspannt, was macht mein Herz, mein Atem usw.? Hilfreich für die Wahrnehmung sind die Achtsamkeits-Übungen und der Body-Scan. Je öfter Sie diese Körpersensationen wahrnehmen, desto mehr werden sie ein fester Bestandteil Ihres Lebens und dadurch werden Sie immer aufmerksamer für das werden, was gerade in Ihnen abläuft.

Je besser Sie es wahrnehmen, desto größere Möglichkeiten haben Sie, anzuhalten und anders als bisher zu handeln.

Bewusstes Innehalten ist der zweite Schritt nach der reinen Wahrnehmungsphase Ihrer Körpersensationen: Wenn Sie immer besser in Ihrer Wahrnehmung geworden sind, machen Sie automatisch diese kleinen Wahrnehmungs-Pausen zwischendurch, bewusstes Innehalten, ein paar tiefere Atemzüge, Sie spüren den Boden unter Ihren Füßen und orientieren sich dadurch immer wieder im Hier und Jetzt.

Vielleicht schaffen Sie es dadurch auch, Ihr Kopfkino für einen Moment auf Standbild zu schalten. Dieses bewusste Innehalten ist ein effektiver Stoppmechanismus gegenüber Ihrem bisherigen automatischen Reiz-Reaktions-Muster.

Gefühle erkennen: Durch die Achtsamkeit und das bewusste Innehalten schaffen Sie Platz für Ihre Gefühle, auch für die unangenehmen, wie Scham, Furcht, Zweifel usw. Es geht darum, dass alle Gefühle da sein dürfen, ihre Berechtigung haben und benannt werden; so zutreffend wie eben möglich. Vielleicht spielen Sie mit den Stufen dieser Gefühle, vielleicht gibt es Abstufungen und nicht jeder Ärger ist ein „großer Ärger". Untersuchen Sie auf dieser Stufe den Grund für das Gefühl. Wodurch wurde es ausgelöst?

Wir sind mehr als eins: Es geht auch darum, Ihre innere Pluralität mehr und mehr zuzulassen. Es können durchaus mehrere Emotionen – auch widersprüchliche – gleichzeitig vorhanden sein. Auch wird es immer mehrere innere Stimmen geben. Und alles hat das Recht, vorhanden zu sein und sich melden zu dürfen. Seien Sie nett und freundlich zu sich, auch wenn es Anteile in Ihnen gibt, die das gerade nicht sind. Alles, was da in Ihnen hochkommt, hat vor allem eine gute Funktion.

Im fünften Schritt geht es früher oder später um Ihre Entscheidung: Sie haben alles wahrgenommen, sind stehen geblieben, haben sich reorientiert und sind Ihrem Automatik-Modus entflohen. Sie stehen nun an einer Kreuzung und können bewusst entscheiden. Wohin wollen Sie jetzt weitergehen? Was brauchen Sie eventuell noch für Ihre Entscheidung, welche äußeren und inneren Ressourcen, um dann einen ersten Schritt zu machen? Sehr bewusst und sehr klar. In der Gegenwart.

14.   Machen Sie Töne

In unserem Körper sind alle Muskeln, Nervenfasern und Organe miteinander verbunden. Das ist manchmal – wenn es eng wird – nicht schön, kann aber umgekehrt dazu genutzt werden, an einer Stelle anzusetzen, um eine andere zu lockern.

Eine besondere Möglichkeit dazu ist, Töne zu produzieren, die aufgrund ihrer unterschiedlichen Tonlage verschiedene Körperpartien betreffen und lockern. Da Töne sprichwörtlich Ton machen, empfehle ich, diese Übung alleine durchzuführen. Ob zu Hause, im Auto, in der Natur usw. – machen Sie diese Übung.

Die nachstehenden Töne können als sanfte Reize zur Aktivierung benutzt werden:

Wooo – Verdauungssystem,
Wuuu – Ton für Bauch und Genitalbereich,
Aaaah – Ton für die Kehle,
Aanng – Ton für den hinteren Teil des Rachens und den Mund,
Waaaa – Ton für Organe und den Rücken,
Zischen – Ton für Aggressionen.

15. Körperhaltungen

Auch Ihre Körperhaltung können Sie gezielt zum Stressabbau einsetzen. Stress spannt an und verengt. Verschaffen Sie sich Luft und leichte Bewegung. Das beugt einer Starre vor. Richten Sie sich bewusst auf, dann haben Sie automatisch mehr Luft zum Atmen. Stehen Sie gerade und achten Sie darauf, was sich dadurch verändert.

Spielen Sie mit Ihren Haltungen und lernen Sie sich dadurch immer besser kennen. Welche Haltung bewirkt was? Wie geht es Ihnen, wenn Sie aufrecht stehen? Wie, wenn Sie sich zusammenkrümmen? Wie geht es Ihnen, wenn Sie alle Muskeln anspannen, wie, wenn alle Muskeln entspannt sind? Wie geht es Ihnen, wenn Sie Ihre Schultern etwas zurücknehmen, anstatt sie nach vorne hängen zu lassen?

16. Mustertagebuch

Wer schreibt, der bleibt. Ein alter Kalauer, der auch heute noch gilt. Nehmen Sie einen kleinen Block überall mit hin. Erlauben Sie sich, sich ab und an selbst zu beobachten. Schlüpfen Sie in eine Detektivrolle und schreiben Sie sich die Dinge auf, die Ihnen an sich auffallen.

1. Wie reagiere ich in bestimmten Momenten meines Lebens?
2. Was genau passiert kurz davor?
3. Was nehme ich wahr: Gedanken, Körper, Außensicht?
4. Was passiert dann? Was fühle ich, was denke ich, wie geht es mir allgemein?

Machen Sie es sich zur Angewohnheit, diese Beobachtungen nicht zu bewerten. Es gibt kein Richtig oder Falsch. Es gibt nur Beobachtungen, so wie es ist. Nicht mehr und nicht weniger. Seien Sie neugierig auf sich. Schreiben Sie nur auf, kurze Stichworte, und fahren Sie dann in Ihrem normalen Alltagserleben weiter fort.

Es geht weder um Bewertung noch um die sofortige Lösung. Es geht jetzt noch nicht um Veränderung oder irgendeine Handlung. Nur um die Beobachtung und das Aufschreiben.

17. Tagebuch

Eine gute Art, seine Veränderung am Laufen zu halten, ist es, Dinge aufzuschreiben. So, wie wir früher vielleicht Tagebuch geschrieben haben. Genauso können wir auf der einen Seite die Dinge aufschreiben, die wir verändern wollen. Und auf der anderen Seite uns natürlich auch notieren, was wann besonders gut, mittelmäßig gut oder gar nicht geklappt hat. In Stichworten. Als kleine Zustandsberichte aus unserer Veränderung heraus.

18.   Seinen Platz suchen, einnehmen und verteidigen

Was ich oft in Coachings bemerke, ist, dass viele Menschen Probleme damit haben, ihren Platz einzunehmen und auch zu halten. Vor allem in Beziehungen. Um das konkreter zu machen: Jedes Mal, wenn ich mich zurückziehe oder mich nicht gegen etwas wehre, was ich nicht möchte – dann überlasse ich den Raum dem Gegenüber. Und je mehr ich mich zurückziehe, desto mehr bekommt mein Gegenüber Raum.

Manchmal braucht es auch eine gewisse Zeit, seinen Platz zu suchen. Profanes Beispiel – ich überlasse es meinen Klienten, welchen der drei Sessel sie in meinem Coachingraum benutzen wollen. Die meisten lassen sich nicht die Zeit, für sich den besten Platz auszusuchen, weil sie Angst haben, dass sie dadurch unhöflich erscheinen.

Haben sie sich dann für einen der drei Sessel entschieden, dann wollen sie sofort loslegen. Obwohl sie noch gar nicht sicher sind, dass sie bequem sitzen oder vielleicht besser ein Kissen im Rücken haben, damit das Sprechen und Atmen leichter fällt.

Was wenig gemacht wird, ist, erst einmal anzukommen. Den Raum anzuschauen. Zu schauen, was sich alles wo befindet. Und so für sich selbst für eine gute Orientierung und Sicherheit zu sorgen.

Ich hatte schon Klientinnen, mit denen ich ein, zwei Stunden damit verbracht habe, den besten Sitz- und Stehplatz für ein Meeting herauszufinden. Mit durchschlagendem Erfolg – die Meetings hatten auf einmal eine ganz andere Qualität.

Und es geht auch in unserem Alltag immer wieder darum, den eigenen Platz zu suchen, ihn für sich optimal einzurichten und ihn dann gegebenenfalls auch zu verteidigen. Und wenn Sie ihn verteidigen müssen – ein gut eingerichteter Platz, an dem Sie fest sitzen oder stehen, lässt sich immer leichter und nachhaltiger verteidigen als ein Platz, auf dem Sie wackeln.

(!) Mein **Tipp**: Nehmen Sie sich ein oder zwei Situationen aus Ihrem Alltag heraus, in denen es um Ihren Platz geht. Und spielen Sie mit den verschiedenen Möglichkeiten, diesen Platz einzurichten und einzunehmen. Seien Sie kreativ und lustvoll spielerisch. Und entdecken Sie die Unterschiede. Das kann sowohl im Alltagsleben, in Meetings, in Präsentationen aber auch am Esszimmertisch sein.

19. Selbstgespräche, Affirmationen, Mantras

Neben dem guten alten Tagebuch gibt es auch stille Rituale für sich selbst in Form von Selbstgesprächen oder selbstermutigenden Affirmationen. Wenn Sie sich vorstellen oder vorsagen können, dass Sie etwas schaffen, dann ist auch die Wahrscheinlichkeit größer, dass Sie es schaffen.

20. Motivation

Manchmal ist es auch sinnvoll, sich intensiver mit der Motivation für die eigene Verhaltensänderung zu beschäftigen:

- Will ich es für mich ändern? Oder für einen anderen Menschen?
- Was werden meine Mitmenschen sagen, wenn ich ein anderes Verhalten an den Tag lege?
- Wie reagiert meine Umwelt generell darauf?

Diese Fragen sind letztlich ein Realitätscheck. Eine Verhaltensänderung, von der ich weiß, dass sie meine Umwelt mit Skepsis
oder Widerwillen aufnimmt, ist nochmals schwerer, weil ein Teil
von uns das nicht möchte.

Dinge, die ich mir zuliebe ändere, fallen mir auch leichter als
Dinge, die ich meine, einem anderen zuliebe ändern zu müssen.
Bleiben Sie bei sich und beginnen Sie immer mit den Dingen, die
Sie Ihnen selbst zuliebe tun.

21.   Unterstützung und Hilfe von außen

Manche Gewohnheiten sind nur sehr schwer für sich selbst zu
ändern. Manchmal ist es gut, sich Unterstützung im Freundeskreis oder von professioneller Seite zu holen. Unterstützung in
den Zeiten, in denen es nicht so gut klappt, und Unterstützung,
die Sie immer wieder bestärkt, Ihnen anerkennend auf die Schultern klopft und gemeinsam mit Ihnen ein paar Dinge sortiert.

22.   Belohnungen einbauen

Seien Sie nett zu sich. Die andere Seite, Ihre inneren Kritiker, die
immer dann zu plappern anfangen, wenn etwas nicht gut gelaufen ist, die kennen Sie ja schon. Überlegen Sie sich stattdessen, wie Sie sich belohnen können, wenn etwas gut gelaufen ist.
Womit könnten Sie sich eine Freude machen? Wodurch wird es
Ihnen wärmer ums Herz? Es geht darum, geselliger mit sich zu
sein.

Dazu gehören die ganz banalen Dinge wie ausreichend Schlaf,
genügend frische Luft und sportliche Betätigungen. Neben den
sozialen Kontakten. Alle wissenschaftlichen Studien, die sich mit

Veränderungsprozessen und dem dadurch ausgelösten Stress beschäftigen, beweisen das. Nur manchmal sind diese Dinge fast schon zu banal, als dass wir glauben, dass sie wirken. Sie tun es aber. Einfach ausprobieren.

23. Hören Sie damit auf!

Wenn Sie Ihr Verhalten ausreichend studiert haben und wissen, wann immer Sie in die Gefahr kommen, es unbewusst und automatisch auszuführen – dann fasten Sie die Gelegenheiten der möglichen Auslöser. Sie müssen sich nicht alle Situationen antun, die Ihnen nicht guttun. Nicht jeder Schuh, der herrenlos im Zimmer rumsteht, muss von Ihnen angezogen werden.

Versuchen Sie die Dinge zu fasten, von denen Sie jetzt schon wissen, dass diese Ihr zu veränderndes Verhalten auslösen und/oder Ihnen absolut nicht guttun. Das geht einfacher, als Sie denken.

24. Ressourcen

Was gerne vergessen wird, sind die eigenen Lebenserfolge, die einen erwachsen haben werden lassen. Die einem geholfen haben, das zu sein, was man heute ist. Aus diesem Grund lohnt es sich immer, zu überlegen, welche Widrigkeiten man schon überwunden hat, welche Erfolge schon gefeiert, was man besonders gut kann und worauf man stolz ist im Leben.

Damit das besser gelingt, ist es gut, ab und an mal stehen zu bleiben, an diese Ressourcen zu denken und sich nicht nur innerlich selbst auf die linke Schulter zu klopfen. Um dann aus diesem Gefühl der persönlichen Erfolge an das zu denken, was man gerade zu bewältigen hat.

25. Dankbarkeit

Vor allem in rauen Zeiten wird gerne vergessen, was man bisher schon geschafft und gemeistert hat. Manchmal auch, dass man überlebt und erwachsen geworden ist, trotz widriger Umstände. Um diese Dankbarkeit für die kleinen und großen Dinge immer wieder zu spüren, gibt es zwei kleine Übungen, um diese in Ihrem Leben zu verankern.

Erstellen Sie eine Liste all der Dinge, für die Sie in Ihrem Leben dankbar waren und sind. Das können Dinge, Menschen, Situationen, Fähigkeiten und Fertigkeiten, Erinnerungen usw. sein. Und während Sie die Liste erstellen und vielleicht in gewissen Abständen erweitern, achten Sie darauf, wo genau Sie diese Dankbarkeit in Ihrem Körper erleben und spüren. Achten Sie auch gleichzeitig darauf, wie es Ihnen damit geht, wenn Ihre Liste länger und länger wird. Und manchmal kann so eine Liste auch in eine Art Dankbarkeits-Tagebuch münden. Lassen Sie sich davon einfach überraschen.

Eine zweite Möglichkeit ist die, sich jeden Tag für einen kleineren oder größeren Spaziergang Zeit zu nehmen. Oder Sie joggen oder walken. Ich beispielsweise nutze die Zeit mit meinen Hunden, wenn ich meinen Morgenspaziergang mache. In dieser Zeit können Sie Ihre Gedanken auf das lenken, wofür Sie dankbar sind. Sie haben also eine Liste im Kopf, mit der Sie sich während Ihres Spaziergangs beschäftigen. Oder – nach einer gewissen Übungszeit – rekapitulieren Sie den Vortag und finden Dinge, für die Sie Danke sagen können. So würdigen Sie auch gleichzeitig Tag für Tag Ihres Lebens. Mit den Dingen, die gut gelaufen sind, Ihnen gutgetan haben und für die Sie dankbar sind. Und glauben Sie mir. Sie werden mehr davon finden, als Ihnen das jetzt im Moment bewusst ist.

GLOSSAR

Amygdala

Die Amygdala ist die Feuerwehr des Körpers – sie aktiviert alles. Kernspin-Aufnahmen bestätigen, dass Botschaften, die vom Frühwarnsystem der Amygdala kommen, über elektrische Aktivität direkt zum Kampf-, Flucht-, Erstarrungs-Überlebensmechanismus gelangen und den Neocortex, der denken, planen und entscheiden könnte, übergehen. Sie wird bereits in der 7. Schwangerschaftswoche angelegt. Deshalb ist sie schon vor der Geburt voll ausgebildet und funktionsfähig. Das bedeutet, dass sich hier bereits vorgeburtliche Erregungsmuster ausbilden und aktivieren können.

Dissoziation

Bei einer Dissoziation handelt es sich um eine vielgestaltige Störung, bei der es zu einem teilweisen oder völligen Verlust von psychischen Funktionen wie des Erinnerungsvermögens, eigener Gefühle oder Empfindungen (Schmerz, Angst, Hunger, Durst, ...), der Wahrnehmung der eigenen Person und/oder der Umgebung sowie der Kontrolle von Körperbewegungen kommt. Der Verlust dieser Fähigkeiten kann von Stunde zu Stunde unterschiedlich ausgeprägt sein. Ich selbst verwende diesen Begriff auch dann, wenn sich Menschen sehr leicht in Tagträumerei und Nicht-Kontakt verlieren.

Innerer Erwachsener

Viele Theorien und Therapie- bzw. Coachingansätze laufen über das innere Kind, das zweifelsfrei in uns existiert, meistens mehr innere Kinder, als wir so glauben und auch wahrnehmen können. Ich mag Kinder. Und dennoch ist es mir wesentlich wichtiger, den inneren Erwachsenen zu mobilisieren und aktiv zu halten, der die Aufgabe hat, den inneren Kindern Stabilität und Sicherheit zu vermitteln. Ich erlebe es oftmals, dass wir Erwachsenen von diesen inneren Kindern gelenkt werden. Und – Sie können es sich vorstellen – es ist nicht angenehm, wenn zum Beispiel ein 5-jähriger Anteil einen 45-jährigen Mann steuert und antreibt. Aus diesem Grund ist der erwachsene Zustand genau der Zustand, in den ich meine Klienten immer und immer wieder zurückhole und sie ermuntere, ihm mehr Platz im eigenen Leben zu geben.

Innerer Kritiker

Meine Hypothese – der innere Kritiker bzw. meistens ist es ja eine ganze Horde von inneren Kritikern, sind nicht Teile von uns selbst, sondern Introjekte unserer Umgebung, die wir irgendwann in uns aufgenommen haben, um nicht ständig von außen ermahnt und dadurch beschämt zu werden. Statt immer wieder von unseren Eltern zu hören, dass wir nicht so laut sein sollen, entwickeln wir diese innere Instanz, die das regelt, ohne dass unsere Eltern uns noch ermahnen müssten.

Ja-Fasten-Kur

Die Ja-Fasten-Kur ist vor allem für diejenigen gedacht, die vorschnell zu allem, was an sie herangetragen wird, ein „Ja" in die Welt setzen. Und sich nachher darüber ärgern, weil sie das „Ja" gar nicht so meinten. Gewöhnen Sie sich einfach an, erst einmal „Nein" zu sagen. Das aus zwei Gründen: Erstens verschafft Ihnen so ein „Nein" Luft und Zeit zum Nachdenken, was Sie wirklich wollen. Außerdem können Sie Ihr Gegenüber beobachten, wie es auf Ihr „Nein" reagiert. Zweitens lässt sich aus einem anfänglichen „Nein" viel leichter ein „Ja" machen als umgekehrt. Und sehr oft gibt sich Ihr Gegenüber mit dem „Nein" zufrieden oder Sie gehen gemeinsam in einen guten, beziehungserhaltenden Verhandlungsmodus über.

Narzissmus

Narzissmus im angewendeten Wortsinne bedeutet, dass sich die Wahrnehmung auf sich selbst bezieht. Man sieht den anderen Menschen nicht bzw. man spiegelt sich im anderen Menschen und sieht aber nur sich selbst darin. Kinder von narzisstischen Eltern fühlen sich weder gesehen noch wahrgenommen.

Neocortex

Der Neocortex ist der stammesgeschichtlich jüngste Teil der Großhirnrinde. Hier werden die Sinneseindrücke, Bewegungseindrücke und Assoziationen bzw. Verknüpfungen von Eindrücken und Erinnerungen gespeichert. Dieser Teil bildet sich ab dem 18. Lebensmonat aus, was es bei frühkindlichen Erfahrungen manchmal schwer macht, weil in dieser Zeit diese Verschaltung zur Erklärung von Ereignissen noch nicht zur Verfügung stand. Der frontale Cortex ist erst um das 22. Lebensjahr herum vollständig ausgereift.

Resilienz

Unter Resilienz verstehe ich die Fähigkeit, Krisen durch Rückgriff auf persönliche oder sozial vermittelte Ressourcen zu meistern bzw. wieder in einen ausgeglichenen Zustand zurückzukehren. Resilienz und Selbstregulation sind stark miteinander verbunden. Die Fähigkeit der Selbstregulation fördert auch die Resilienz. Resilienz hängt zudem von der körperlichen Gesundheit, der Ernährung und dem Sportverhalten ab.

Ressource

Alles, was Ihnen hilft und Sie gut können, z. B. Wissen, Erfahrung, Zeit, Geld, soziale Kontakte, Einfluss, Abgrenzungsmechanismen. Positive Ressourcen sind in jedem Menschen vorhanden, so schwarz er im Moment seine Gegenwart auch sieht. Ohne diese positiven Ressourcen hätte er es bis zur Gegenwart nicht geschafft. Vielleicht schreiben Sie sich einmal die Dinge auf, die Sie gut können und die in Ihrem bisherigen Leben gut geklappt haben.

Selbstregulation

Selbstregulation bedeutet, dass Sie sich unbewusst und bewusst von einem aufgeregten und vielleicht ängstlichen Zustand wieder in einen entspannten und sicheren Zustand bringen können. Diese Selbstregulation lernen wir in der Interaktion mit unseren primären Bezugspersonen, meistens der Mutter. Kann diese mit unseren Emotionen und Empfindungen gut umgehen und uns wieder beruhigen, lernen wir sehr schnell, uns letztlich selbst zu regulieren.

INDIVIDUELLE BUCHEMPFEHLUNGEN

Joachim Bauer: Das Gedächtnis des Körpers, (Piper Taschenbuch) 2013
Laurence Heller: Entwicklungstrauma heilen, (Kösel Verlag) 2013
Volker Hepp: Die 5 Stress-Persönlichkeiten, (Windsor Verlag) 2013
Dr. Isa Grüber: Was der Körper zu sagen hat, (Südwest Verlag) 2013
Stephan Grünewald: Die erschöpfte Gesellschaft, (Campus Verlag) 2013
Gerald Hüther: Bedienungsanleitung für ein menschliches Gehirn, (Vandenhoeck & Ruprecht) 2010
Biologie der Angst, (Vandenhoeck & Ruprecht) 2012
Jack Kornfield: Das weise Herz, (Arkana) 2008
Linda Lehrhaupt/Petra Meibert: Stress bewältigen mit Achtsamkeit, (Kösel Verlag) 2010
Peter Levine: Sprache ohne Worte, (Kösel Verlag) 2011
Vom Trauma befreien, (Kösel Verlag) 2011
Bruno-Paul de Roeck: Gras unter meinen Füßen, (rororo) 1985
Maja Storch: Embodiment, (Verlag Hans Huber) 2010
Paul Watzlawick: Wie wirklich ist die Wirklichkeit, (Piper) 2005
Anleitung zum Unglücklichsein, (Piper) 2009
Halko Weiss, Michael E. Harrer, Thomas Dietz: Das Achtsamkeits-Buch, (Klett-Cotta) 2012
Halko Weiss, Dyrian Benz: Auf den Körper hören, (Kösel Verlag) 1997

ZUM SCHLUSS

Natürlich deckt diese kleine Reise durch die Veränderungsarbeit nicht die komplette Tiefe und Komplexität eines Menschen oder der jeweiligen Persönlichkeit ab. Und oft ersetzt ein solches Buch auch nicht die Mühe, die eine Veränderung kostet. Manchmal ersetzt es auch nicht, dass Sie sich Hilfe von außen holen – entweder von guten Freunden, Therapeuten oder Coaches. Das Buch soll Ihnen ein guter Anstoß sein, eine Ermutigung, sich auf Ihren Weg zu machen.

Wir Menschen sind dazu da, dass es uns gut geht. Gut gehen darf. Dass wir situativ immer so reagieren können, wie wir das aktuell für richtig halten. Dass wir uns aus Situationen und Partnerschaften lösen, die uns nicht mehr guttun – damit es uns wieder besser geht.

Gerne helfe ich Ihnen im Einzelcoaching, sich tiefer mit Ihrem Veränderungswunsch und Ihrer Lebenssituation zu beschäftigen und Schritt für Schritt den Weg in die Entspannung zu gehen.

Das dargestellte Persönlichkeitsmodell, das im Kapitel „Woher unser Verhalten kommt" immer wieder aufblitzt, basiert auf der wunderbaren Arbeit von Dr. Laurence Heller und seinem NARM™-Modell (Neuro affective relational Model™). Über seine Webseite *http://www.drlaurenceheller.com* gelangen Sie auch an eine Auflistung von weltweiten Therapeuten, die nach seiner Methode arbeiten und überwiegend eine Ausbildung in Traumatherapie haben.

DANKSAGUNG

Mein ganz besonderer Dank geht an

- Doris Rothbauer für ihre Supervision und hilfreichen Anregungen.
- Michael Pohl für seine erste Draufsicht und hilfreichen Kommentare und Anregungen für Inhalt und Struktur.
- Andrea M. Wimberger für ihre liebevollen Anmerkungen und Korrekturen.
- Den vielen lieben Menschen für die tollen Anregungen und Tipps beim Lesen der ersten Manuskript-Fassungen.
- Berenike Schierenberg und Mechthild Ehmann für ihre wertvolle Korrekturarbeit.
- Meinen Klientinnen für die vielen Erfahrungen, die ich bei den gemeinsamen Schritten sammeln durfte.

AUTOR

Volker Hepp, Coach, Wirtschaftsmediator und Trainer beschäftigt sich sowohl in Seminaren als auch im Coaching vor allem mit dem Thema, wie Menschen in stressigen Situationen wieder entspannen können. Das erreicht er dadurch, dass er nicht nur auf der Handlungsebene arbeitet, sondern neben kognitiven Erklärungsansätzen mit seinen Kunden auch deren körperliche Phänomene beachtet und bearbeitet.

Er nennt das Somatic Coaching.

Coaching|Mediation|Seminare

Volker Hepp
Hechtstraße 21a
DE-82266 Inning

Tel. 08143/99 266 76
Mail: *info@volkerhepp.com*
Web: *www.volkerhepp.com*
Facebook: *https://www.facebook.com/volkerheppcoaching*

„Die 5 Stress-Persönlichkeiten"
von Volker Hepp
ISBN: 978-1-938699-99-3
(Gedruckte Ausgabe)
ISBN: 978-1-627840-00-2
(EBook)

Ratgeber gegen Stress und Burnout gibt es viele. Die starke Häufung der stressbedingten Erkrankungen ist besorgniserregend und betrifft mit ihren Auswirkungen sowohl Privatpersonen, Unternehmen und Verwaltungen. Wer stressbedingt erkrankt, fällt meistens lange aus und fühlt sich nachhaltig isoliert im Kreise der vermeintlich leistungsbereiten und fitten Mitmenschen. Viele Ansätze der Stressbewältigung basieren auf Achtsamkeitsübungen und Verhaltensänderungen.

Und manchmal reichen Achtsamkeitsübungen und willensgesteuerte Verhaltensänderungen nicht aus, weil die Ursache des aktuellen Erlebens auf der Identitätsebene des Menschen liegt und nicht über eine reine Verhaltensänderung „befriedigt" werden kann.

Da eine Stress-Persönlichkeit sehr komplex sein kann, ist es sinnvoll, diese Komplexität durch eine Typisierung abzumildern. Dadurch sind die 5 Stress-Persönlichkeiten entstanden. Sie dienen als tiefer gehender Erklärungsansatz der Hilfestellung. Ohne Erklärung gibt es keine Erkenntnis, ohne Erkenntnis und Verständnis keine Veränderung. Selbsterkenntnis ist das zentrale Anliegen dieses Buches, um auf dieser Basis Schritt für Schritt weiterzugehen. Für jede dieser 5 Stress-Persönlichkeiten wurden Hilfestellungen erarbeitet, ein allgemeiner Erste-Hilfe-Koffer rundet diese spezifischen Hilfestellungen ab.